少年科普热点

体育纵横

TIYU ZONGHENG

中国科学技术协会青少年科技中心 组织编写

科学普及出版社

·北京·

组织编写　中国科学技术协会青少年科技中心
丛书主编　明　德
丛书编写组　王　俊　魏小卫　陈　科
周智高　罗　曼　薛东阳
徐　凯　赵晨峰　郑军平
李　升　王文钢　王　刚
汪富亮　李永富　张继清
任旭刚　王云立　韩宝燕
陈　均　邱　鹏　李洪毅
刘晨光　农华西　邵显斌
王　飞　杨　城　于保政
谢　刚　买乌拉江

出版人　苏　青
策划编辑　肖　叶
责任编辑　郭　璟
封面设计　同　同
责任校对　林　华
责任印制　马宇晨
法律顾问　宋润君

目录

MULU

第一篇
走进体育的世界

说到体育，大家都很熟悉。社会发展到今天，体育与教育、竞技、文化、卫生、健康、娱乐、医疗之间的关系变得越来越紧密。现代体育已经成为社会文明、科学进步和健康生活方式不可缺少的组成部分，还可能发展成为我们业余生活的第一需要呢。

说了这么多体育的重要性，大家肯定想知道，世界上都有哪些种体育运动？各种重大的体育比赛是怎么来的呀？什么是奥运会？什么是世界锦标赛？体育比赛中有哪些惊人的高科技？体育健身应该注意哪些要领？带着这一系列的问题，让我们走进体育的世界。

什么是体育？

体育是为了锻炼身体、增强体质而进行的一种活动，它通常包括体育教育、竞技体育和身体锻炼。体育可以健身、可以教育人，具有军事功能，还可以赚钱呢。

学生时代的体育课就是学校教育的组成部分，在课堂上，我们可以打篮球、踢足球、打乒乓球等，还可以举行拔河比赛、长跑比赛等。体育课可以使我们的身体健壮、体质增强，抵抗各种疾病，还能使我们得到德、智、体、美全面的发展。

竞技体育也叫竞技运动，就是我们看到的各种各样的比赛。这些比赛除了可以全面提高身体素质，更重要的是可以最大限度地挖掘体力、智力和运动才能。只有具备这些才能，才能取得优异的运动成绩。看过奥运会，大家可能还记得它的口号“更高、更快、更强”吧？竞技体育最重要的是公平比赛。

社会体育也叫大众体育，主要是指以健身、娱乐、休闲、医疗和康复为目的的体育

从小学开始重视的体育教育

运动。它的参与人数最多，是普及性的群众运动。和我们上体育课的目的一样，社会体育同样有锻炼身体、增强体质的作用。

当然健身是体育的首要功能，这在上面的介绍中已经说过了。体育课可以增强我们顽强的意志力，观看比赛可以激发我们的爱国热情，促使我们更好地学习和工作，这就是体育的教育功能；体育可以使我们享受生活，缓和我们的紧张情绪，当我们学习累的时候，和别人打一打乒乓球、篮球什么的，是不是感觉特别爽快？这就是体育的娱乐功

《体　育　颂》

现代奥运会的创始人顾拜旦曾经在他的名作《体育颂》中对体育的娱乐功能有过精彩的描述：“啊，体育，你就是乐趣！想起你，内心就充满欢喜；血液循环加速；思路更加开阔；条理更加清晰。你可以使忧伤的人散心解闷，你可以使快乐的人生活更加甜蜜！”

能；体育能使一个国家的士兵身体素质提高，适应各种各样的作战环境，使这个国家的军事实力加强，这就是体育的军事功能；体育还与经济联系紧密，与体育有关的产品已经形成十分庞大的产业，球星的收入动辄几百万、上千万，并且举办体育比赛还可以带来

攀岩运动

学校体育

巨额的广告收入。现在大家对体育的重要性有了进一步的认识了吧?

小问题

体育运动由几部分构成?体育的功能有哪些?

你知道多少世人瞩目的体育赛事？

说体育，道体育，最吸引人的还是那些世界性的比赛。在丰富的世界文化中，体育竞赛可谓是一朵艳丽无比的奇葩。通过欣赏体育比赛，我们可以从其展现的不断进取、追求完美的拼搏精神中，获得欢乐和美的享受，深刻体验人生价值和领悟许多人生哲理。

介绍大型体育竞赛，首先要提的就是奥运会，它的全称是奥林匹克运动会。现在人们通常说的奥运会指的是现代奥运会，但是你们知道古代奥运会吗？古代奥运会是希腊人民的伟大创举，也是人类文明与进步的巨大的文化源泉。据资料记载，到公元 394 年为止，它共举办过 293 届，每届奥运会都在能容纳 5 万观众的奥林匹亚运动场上举行。最初只有短跑一项比赛，后来逐渐增加了长跑、跳远、标枪、铁饼、角力、五项全能(赛跑、跳远、标枪、铁饼和角力)、拳击、赛马和赛车等运动项目。在运动会期间，不但有运动员之间的比赛，还安排有学者、诗

2004年雅典奥运会开幕式

人、音乐家和艺术家的文艺会演。因此，古代奥运会有力地促进了体育、艺术的交流与发展，它给人类生活增添了优美绚丽的色彩。

古希腊的灭亡和强大的地震彻底埋葬了古代奥运会。直到1894年，由于英、法、德等国家一批学者的努力，才使沉睡了一千多年的奥运会得以恢复。其中法国社会活动家、历史学家和教育家顾拜旦功不可没，被誉为“现代奥林匹克之父”。经过努力，1896年4月在希腊的雅典举行了第1届现代奥林匹克运动会。现代奥运会是声望最高、最庄严、最隆重的国际体育盛会，也是比赛规模最大、水平最高和影响最深远的综合性运动会。奥运会的宗旨是：团结、和平、友谊，促进运动员的身体和精神的发展，一个增进运动员之间的相互了解和友谊，建立更加美好、和平的世界。

现代奥运会分为夏季奥运会和冬季奥运会，夏季奥运会每四年一届，到 2012 年已经举办了 30 届。第 28 届回到希腊的雅典举办，第 29 届则在北京启程，并取得了巨大的成功。冬季奥运会到 2010 年为止已经举办了

小知识

奥运会的圣火

观看过奥运会的人都会注意到，在开幕式上，点火仪式很壮观，这圣火象征着团结、和平、友谊，它取自于奥运会的发源地奥林匹亚希腊女神赫拉庙前，然后火种由各个国家的运动员通过接力长跑向东道国传递。火种所到之处，成千上万的群众倾城相送，直到开幕式前一天送到举办城市。开幕式时，由东道国的著名运动员接最后一棒火种进入运动场，绕场一周，最后点燃高大雄伟的火炬塔的圣火，一直燃烧到运动会闭幕时熄灭。

北京为举办奥运会修建的主体育场鸟巢外景

2008 年北京奥运会的开幕式

21 届。夏季奥运会和冬季奥运会的项目也是不同的，前者目前有 28 个大项，分别是田径、体操、足球、篮球、排球、曲棍球、举重、自行车、摔跤、柔道、跆拳道、射击、射箭、击剑、皮划艇、赛艇、帆船、马术、拳击、手球、水上项目、现代五项、铁人三项、乒乓球、网球、垒球、棒球和羽毛球；冬季奥运会主要比赛项目是现代冬季两项(滑雪和射击)、滑雪、冰球、滑冰、雪橇和冰上舞蹈等。

锦标赛也是一类受人瞩目的重大赛事，这是为了检查、总结某一运动项目的开展情况和教学训练的经验，通过确定冠军和名次，促使该项运动不断发展而举行的单项比赛，如欧洲足球锦标赛、戴维斯杯网球赛、世界羽毛球锦标赛、世界体操锦标赛、亚洲青年足球锦标赛，等等，总之，几乎每个单项比赛项目都可以举行锦标赛。

希腊——奥运会的故乡

2012年伦敦奥运会开幕式

除了上面介绍的几类世界性比赛之外，比较有影响力的还有世界大学生运动会、亚洲运动会等，我国也有全国运动会和全国大学生运动会等。

小问题

通过本节的阅读，请你说一说奥运会的宗旨是什么？夏季奥运会和冬季奥运会有哪些不同？

田径比赛为什么吸引人？

田径比赛是体育运动的重头戏，所以说，介绍竞技体育，没有不介绍田径比赛的。田径包括竞走、赛跑、跳跃、投掷等各种各样的运动技能竞技项目，这些大家大概从比赛现场或电视转播中都见过。从古希腊时代起，田径运动一直是奥运会所有比赛项目中最重要、最吸引人的部分。

通常认为的田径运动，最早产生在公元前 1829 年，在爱尔兰举行的格纳萨德竞技会上，就有了田径项目的比赛。但田径运动的真正形成，是在公元前 776 年第 1 届古代奥林匹克运动会上。

英国是现代田径运动的发源地。1825 年伦敦举行过两次业余赛跑。1837 年，在英国的伊顿公学首次举行了 100 码（1 码 = 0.9144 米）跨栏比赛，6 年后又增加了短跑和障碍跑比赛。1849 年，伍利奇皇家军校首次举行正规的田径运动会。1866 年，英格兰成立了业余田径俱乐部，并举办了第 1 届英格兰田径锦标赛。

学校田径场地

从 1896 年首届奥运会起，田径项目就成为比赛项目，1928 年第 9 届奥运会开始设立女子田径项目。田径运动吸引人的地方就是它是对人类力量、速度、耐力和敏捷的检验，而这些素质对于其他竞技运动都具有重要的意义。你知道吗，在历届奥运会上，田径运动是设项最多和奖牌最多的项目，在 2008 年第 29 届奥运会达到 47 项，因此人们常说，“得田径者得天下”。

田径运动包括径赛和田赛两部分，通常我们将以时间为单位计算成绩的项目叫“径赛”，赛跑和竞走等都属于这一类。而以远度和高度为计量单位的项目称为“田赛”，跳跃和投掷等项目均属此类。

古罗马奥运会已经体现在古代雕塑中

马拉松赛跑的来历

你知道马拉松赛跑是怎么来的吗？很多人都知道马拉松赛跑，它是一种超长距离的田径运动，运动员在比赛中需要跑完42.195千米的距离。很多人会感到奇怪：为什么要跑这么长的距离，而且刚好是42.195千米呢？

原来，这里面包含着一个非常动人的故事。传说公元前490年，希腊在马拉松河谷与波斯皇帝派来的大军展开了激烈的战斗，希腊军队在没有援兵的情况下，团结一心，运用正确的战术技巧，以少胜多，打败了波斯侵略军，取得了辉煌的胜利。当时担任传令兵的菲迪皮得斯奉命将这一胜利消息尽快告诉希腊居民，让受难同胞尽早分享胜利的喜悦。他顾不得路途遥远，一口气从马拉松跑到雅典，到达雅典时他已累得精疲力竭，只说一句“我们胜利了”就倒在地上，闭上了双眼。

后来，人们为了纪念这位勇敢的战士，便设立了一种长跑比赛，称为马拉松比赛。马拉松比赛的距离，接近昔日菲迪皮得斯所跑过的路线长度。

跑步是一项非常普及的运动

在奥运会上，田径项目分为竞走、赛跑、跳跃、投掷、全能五大类。竞走包括男子 20 千米、50 千米，女子 20 千米，比赛通常在公路上进行。赛跑分为短跑、中跑、长跑、跨栏跑、接力跑、马拉松。跳跃项目包括男女跳高、男女跳远、男女三级跳远、男女撑杆跳高。投掷项目包括男女铅球、男女链球、男女标枪、男女铁饼。全能项目有男子十项全能、女子七项全能。

田径运动是比速度、比高度、比远度的项目，要求运动员在短时间内表现出最快的速度与最大的力量，或在较长时间内表现出持续运动的最强能力，运动强度大，比赛紧张激烈，竞争性非常强。运动员不仅要具备很高的身体素质、技术训练水平，还应该有献身精神、顽强的意志和高尚的道德品质。1912 年国际田联正式承认并公布部分项目的世界纪录。根据国际田联竞赛规则规定，径赛项目的世界纪录必须在标准田径场内创造。标准田径场为长圆形田径场，周长 400 米，弯道半径在 36 ~ 38 米之间，设有 6 ~ 8 条分道，每条分道宽 1.22 ~ 1.25 米。

第 1 届奥运会比赛场地

跳 远

你知道标准田径场是什么样的吗?

什么是测速类体育项目？

体育项目有各种各样的分类，首先向大家介绍的就是测速类体育项目，它是指由运动员或运动员操纵运动器械，按通过一定距离所需要的时间决定比赛名次。速度和耐力是提高运动员成绩的关键。田径比赛中的径赛项目都是测速类项目，这在上节中已经有所介绍，这一节主要介绍另外几种测速类体育项目。

游 泳 馆

国家游泳中心

游泳是伴随着人类文明最先发展起来的运动之一。早在五千多年前的中国古代陶器上，以及在古埃及的莎草纸古文献中就有过图案记载。当时的游泳可不是进行什么比赛，古代的人是为了生存，为了取得水中的食物，养活自己，才勇敢地跳到水中。但通过一次一次的实践，人们逐渐掌握了游泳的技能。1896 年第 1 届奥林匹克运动会上，游泳就被列为竞赛项目。所以游泳是奥运会上最早的项目之一。1908 年成立了国际游泳联合会，负责组织奥运会、世界锦标赛、世界杯赛、世界杯短池游泳系列赛等重大比赛。奥运会的游泳比赛项目分别为自由泳、蛙泳、仰泳、蝶泳、个人混合泳以及接力赛。目前运动员为不断提高运动成绩，在改进技术和增进体力的同时，还选择模仿海豚皮肤的游泳衣裤，甚至采取剃光头发、除尽体毛等措施，细心的你在观看比赛时肯定会注意到这些情况。

生活在自行车的王国，大家肯定对自行车再熟悉不过了，可是有没有想到它也是一种重要的比赛项目呢？男女自行车运动分别

小知识

索普与菲尔普斯的大脚

在2000年悉尼奥运会和2004年雅典奥运会上，澳大利亚的游泳运动员索普，接连打破世界纪录。这当然与他平时辛苦的训练分不开。同时，还因为他有一种秘密武器——一双比别人大得多的大脚。

美国游泳运动员菲尔普斯同样有一双47码的大脚，他的双臂臂展更达到2.07米。而且，他上身长，下肢很短，在水中可以享有更大的浮力，重心也向前移。加上那双大脚丫子打水的力量，使他一举在北京奥运会上夺得8枚金牌。

自行车运动员

于1896年第1届奥运会、1984年第23届奥运会开始列为奥运会比赛项目。当前自行车运动的竞赛活动分三大类，即公路自行车赛、自行车场地赛、自行车越野赛。观赏自行车场地比赛十分有趣，由于各种比赛方法都有特点，两人争先似游龙戏水，群雄追逐如狂飙卷地，因此竞争场面颇为壮观。

赛艇的比赛项目包括有：单桨和双桨、

有舵手和无舵手、个人与集体。2008 年第 29 届奥运会赛艇比赛包括：男、女单人双桨，男、女双人单桨无舵手，男、女双人双桨，男、女八人单桨有舵手，男、女轻量级双人双桨，男子四人单桨无舵手，男子轻量级四人单桨无舵手等 14 个项目。比赛距离男子为 2000 米，女子为 1000 米。整个赛场犹如一个大游泳池，水深不少于 2 米。一般有 6 条直线航道，最多为 8 条航道，每条航道的宽度为 12.5 ~ 15 米。水线口每隔 10 ~ 12 米设有一个塑料浮

自行车越野赛

骑自行车旅游

标。从起航线起，中间每隔 250 米，应有不同颜色的浮标。赛艇比赛没有记录，以先到终点者为胜。观看赛艇比赛也是别有情趣的，当运动员随滑座前俯后仰，并挥桨划破镜面般的湖水飞速前进时，谁不说它与大自然景观交相辉映产生的美感尽在其中呢？

小问题

说一说什么叫测速类体育项目，都包括哪些项目？

冬季也能进行测速类体育项目吗?

上面我们已经基本了解了体育运动中的测速类体育项目，那么在寒冷的冬天，会有什么样的测速类体育项目呢？大家一定很想知道吧，那好，就让我们一起走进“冰雪”的世界吧。

速度滑冰是典型的冬季测速类体育项目，它是运动员足蹬冰鞋，在冰面跑道上滑行竞速的运动项目，简称速滑。它也是一项

滑 冰 馆

古老的冬季运动。远古时期生活在寒冷地带的人们便已掌握将木头或兽骨系在鞋上在冰封的湖泊上滑行的技巧。在 8—10 世纪，瑞典人开始使用骨制冰刀，后不断改进为木制、铁制，最后为现代所使用的钢制冰刀。1250 年左右，荷兰盛行使用固定在木板上的铁制的冰刀。1572 年苏格兰制造出第一双全铁式冰刀，标志着现代滑冰运动的开始。

小知识

速度滑冰的重大体育赛事有哪些

速度滑冰的重大国际比赛多数由国际滑冰联盟或国际奥林匹克委员会举办，主要有世界男子、女子速度滑冰锦标赛；世界男女短距离速度滑冰锦标赛；世界青少年速度滑冰锦标赛；世界短跑道速度滑冰锦标赛；欧洲男子、女子速度滑冰锦标赛和冬季奥林匹克运动会速度滑冰比赛。中国速度滑冰的全国性比赛有全国冰上运动会、全国优秀运动员测验赛和一级健将级速滑赛、全国速度滑冰比赛、全国速度滑冰冠军赛、全国少年速滑赛和全国短距离速滑赛。

短道速滑比赛

速度滑冰是滑冰中最早出现的运动项目。从 17 世纪开始，速度滑冰逐渐演变为体育竞赛的一种形式。1850 年钢制冰刀问世，后来俄国人发明将冰刀用螺钉固定在鞋底上，1902 年挪威人 A. 鲍尔森和 H. 哈根发明长而锋利的速滑刀等，都对速滑运动的发展起到了重要的推动作用。

速滑装备包括冰刀、冰鞋和比赛服。冰刀由刀刃、刀身管、前小刀托、前大刀托、前托盘、后刀托和后托盘等部分组成。现代高级速滑刀的刀刃多用优质高碳钢制成，其他部分用轻合金制作。比赛服均为尼龙紧身运动服或连衣服。连衣服将帽子、上衣、裤子、袜子连成一体，具有轻便、紧身、阻力小、动作灵活等特点，称为“五连服”。标准速度滑冰竞赛跑道最大周长为400米，最小为333.33米，内弯道半径不能小于25米或大于26米，每条跑道宽5米，最窄4米。短跑道速度滑冰跑道周长111.12米，内弯道半径8.25米，直道长128.07米。

冬季测速类项目除了速度滑冰，还有越野滑雪。越野滑雪是冬季奥运会所设的项目，包括男子15千米、30千米、50千米和4×10

短道速滑

速　滑

单板速降

千米接力，女子5千米、10千米和3×5千米接力。在越野滑雪中，由于雪道崎岖不平并且滑行距离较长，运动员脚踩滑雪板、手持雪杖穿梭滑行于山丘雪原，通常要以不同的

双板滑雪

滑雪运动

滑行技术合理分配体力，因而观赏者可以从中体验高超技术和充沛体力的完美结合，并尽情享受大自然景色赋予的美感。

小问题

冬季的测速类体育项目有哪些？

什么是评分类体育项目？

评分类体育项目包括竞技体操、艺术体操、竞技健美操、技巧、健美、跳水、花样滑冰、花样游泳等，它们通常是一连串的动作组合，具有空间运动、动静变幻、神形兼备的特点；欣赏这类项目，可以从中领悟到刚柔相济的美感以及蕴含于风姿绰约中的内在魅力。

竞技体操包括男子自由体操、鞍马、吊

健美比赛

竞技体操项目——吊环

环、跳马、双杠、单杠六个单项；女子跳马、高低杠、平衡木、自由体操四个单项。在竞技体操比赛中，运动员利用各种平衡、跳跃、空翻、摆动、屈伸、转体、回环、腾越、支撑、倒立等基本动作，按规定和自选编排原则进行组合，并在不同器械上完成，充分体现力量、柔韧与技巧的完美结合，把人体在空间的优美姿态和造型展现给我们，具有独特的艺术魅力。

人类在掌握游泳技术以后，就开始了跳水活动。跳水活动开始在斯堪的纳维亚半岛、地中海、红海一带的船工和渔民中盛行，17世纪发展为具有固定支撑的悬崖跳水。近代跳水运动起源于德国和瑞典。在1900年第2届奥运会上，瑞典运动员表演了跳水。从1904年的第3届奥运会起，跳水被列为正式

小知识

“陈露时代”

1996年2月，第3届亚洲冬季运动会在我国北方城市哈尔滨举行，我国花样滑冰选手一展风采。在花样滑冰4个项目中，中国队获男单、女单、双人3枚金牌，优势明显，男单包揽前3名。女单选手陈露以古典的“东方美”开辟了一个“陈露时代”。

艺术体操

竞赛项目。在 1912 年第 5 届奥运会上，开始有女子跳水比赛项目。

跳水运动包括有跳板跳水（1 米、3 米）和跳台跳水（5 米、7.50 米、10 米）。无论是跳板跳水还是跳台跳水，运动员走板走台

跳　水

的姿势是否线直头正，轻松自信；起跳是否准确果断，有适当的高度和合理的角度；空中动作是否舒展优美，动作连接是否紧凑协调，翻转是否快速准确；是否身体垂直，脚尖绷直和水花很小。这些都是非常重要的，尤其是“压水花”技术，这是得高分的关键所在。

花样游泳起源于20世纪30年代欧洲的德国、英国等地，后传入加拿大和美国。1920年现代花样游泳的鼻祖K. 考特斯从跳水和体操的翻滚中得到启发，创编了在水中做各种花样图案供人欣赏的水中芭蕾。1937年考特斯组建第一所花样游泳俱乐部，并在大学举办比赛。

花样游泳又称作水上芭蕾，是一个集游泳、技巧、舞蹈、音乐于一体的水上运动项目。它是在游泳的基础上，编排出具有独特形式的动作，并使之和音乐的节奏、旋律协调一致。目前该项目仅限于女子参加。

花样游泳

17世纪，一些人开始追求滑冰的优美姿势，以舞蹈动作在冰上滑行，后逐步形成花样滑冰。1860年，美国芭蕾舞表演艺术家J.海因斯把滑冰与舞蹈糅为一体，在欧洲巡回表演期间，他的冰上配乐舞蹈，以其敏捷的步伐和优美的舞姿以及独创的蹲踞旋转轰动了欧洲，大大促进了花样滑冰的发展。花样滑冰的冰鞋用优质牛皮制成，高腰高跟硬底，男鞋为黑色，女鞋为白色。冰刀固定在鞋底上，冰刀较矮，刀身有一定弧度，刃较厚，呈浅“凹”沟形，沟两边刃锋利，既便于滑行又能使冰刀在冰面上留下清晰的图案。花样滑冰包括单人滑、双人滑和冰上舞蹈三个比赛项目。

小问题

竞技体操的男女项目分别包括哪些单项？

什么是得分类球类运动?

得分类项目是根据规则按每局得分达到规定数目确定比赛胜负的项目，包括乒乓球、羽毛球、网球和排球等。比赛时，双方各占场地一方，隔网相对，运动员在重新发球或接发球间歇中有较充裕的时间思考，充分反映了运动员的想象力、创造性和心理自制能力。

我国最早的乒乓球游戏是在清初云

乒乓球比赛

吉·盖斯特杯

南、四川交界地区，在苗族群众中曾盛行过一种叫“臭橘子”的游戏。人们用晒干的橘子当作球，手握长柄木制球拍，在门板或床板上打来打去。到了清末，在珠江流域，又发展了这种游戏。将猪尿泡吹气为球状，用木拍打起来就更有趣。应该说，这已经是很类似乒乓球的游戏了。现代的乒乓球是由网球派生而来的一项小型球类运动，它的英文

名字是 table tennis，意思就是“桌上网球”，因为打的时候“乒乓乒乓”地响，所以也称为乒乓球。在 1988 年的第 24 届奥运会上，乒乓球被正式列为奥运比赛项目。乒乓球比赛 7 个项目都有专门的奖杯，男子团体冠军杯叫斯韦思林杯，女子团体冠军杯叫马赛尔·考比伦杯，男子单打比赛叫圣·勃莱德

小知识

沙滩排球

沙滩排球也是排球项目之一，起源于美国。20 世纪 40 年代，加利福尼亚北海湾的救生员在海滩上竖起两根木桩，拉上一面绳网打排球。后传入巴西、意大利、澳大利亚、墨西哥、法国等国家，20 世纪 70 年代逐渐在日本等亚洲国家以及地中海沿岸国家和地区广泛开展。1976 年美国在加利福尼亚的帕里塞德斯海滩举行世界沙滩排球史上的首次正式比赛。1979 年出现职业沙滩排球锦标赛。1996 年第 26 届奥运会开始被列为比赛项目。

羽 毛 球

杯，女子单打冠军杯叫吉·盖斯特杯，男子双打冠军杯叫伊朗杯，女子双打冠军杯叫波普杯，男女混合双打冠军杯叫作赫杜塞克杯。这7个杯都是流动的，获胜者只在奖杯上刻上自己的名字，将奖杯保留到下届世乒赛前，在新一届比赛开始前必须交出。

大家大概都见过羽毛球，两个人拿着球拍，把羽毛球打给对方，羽毛球在空中飞来飞去，就像小燕子一般，所以有“空中飞燕”的美誉。但是你们知道羽毛球的历史吗？现代羽毛球运动起源于印度，形成于英国。19世纪60年代，一批退役的英国军官把印度的“普那”—— 一种类似羽毛球运动的游戏带回英国，加以改进，成为现代羽毛球运动。羽毛球是人们锻炼身体的重要手段，也是世界各地频频举行比赛的体育运动之一。

排球运动源于美国，由美国人威廉·摩根于 1895 年创造的一种游戏，英文名字为 volleyball，意为“空中飞球”，1905 年传入中国。当时每队为 16 人，四人一排，故名排球，后历经演变，先后改为每队 12 人和每队 9 人，1918 年国际上出现 6 人排球。1947 年成立国际排球联合会，总部设在巴黎。1949 年举行了第一届世界男子排球锦标赛，1952 年举行女子排球锦标赛，此后每 4 年举行一次，1964 年第 18 届奥运会将排球列为正式比赛项目。在排球比赛中，我们可以看到运动员发球、传球、垫球、扣球、拦网，

雅典奥运会排球场馆

在千变万化中表现出精湛的技艺、巧妙配合、战术意识、机智勇敢和顽强拼搏的精神。

网球源于西方。据传13世纪时兴于法国，尔后传入英国。到了16、17世纪，在西欧已经流行，18世纪传入美国。现代网球使用的球、球拍、球网、服装和它的一套练习方法及比赛规则等形成于19世纪，此时网球已在全世界盛行。19世纪中叶，我国在鸦片战争后陆续开放了一些沿海通

沙滩排球

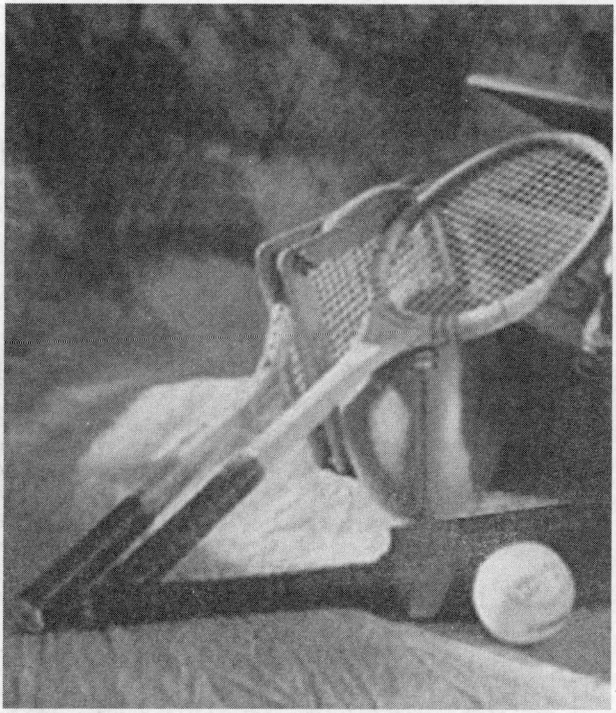

网球器具

商口岸，西方的官员、商人、传教士和驻军络绎而至，网球运动由他们带进中国。网球是一项高雅的运动，运动员通过抽击球、切削球、截击球、高压球、挑高球、反弹球、放短球等基本技术，体现了在接发球战术、上网战术和底线战术的灵活应用的能力。

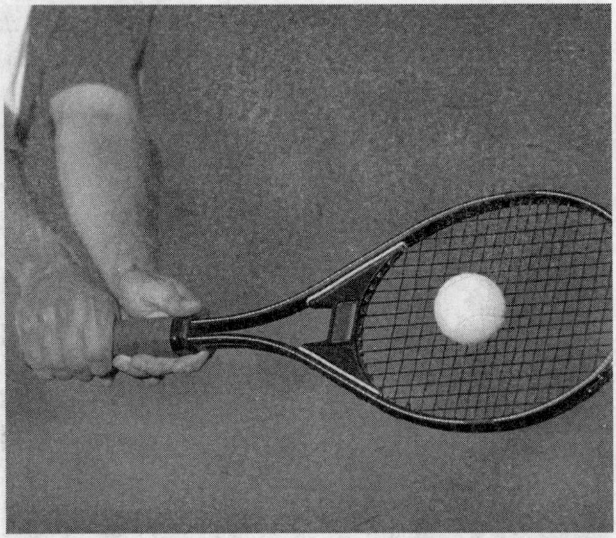

网球器具

说一说最早的乒乓球是什么样的？为什么羽毛球被称作“空中飞燕”呢？

你了解足球的历史吗？

肯定有许多人希望成为一名足球运动员，去体会赛场上的快速奔跑、长传急攻、短传配合、飞身铲断、鱼跃冲顶、临门一脚、凌空扑救等高超技艺，这是多么令人心醉的情景呀！足球就是通常说的设防型的命中类体育运动之一，除它之外，还有篮球、手球、水球、冰球、曲棍球等，它们共同的特点是以命中目标数确定比赛成绩，运动员

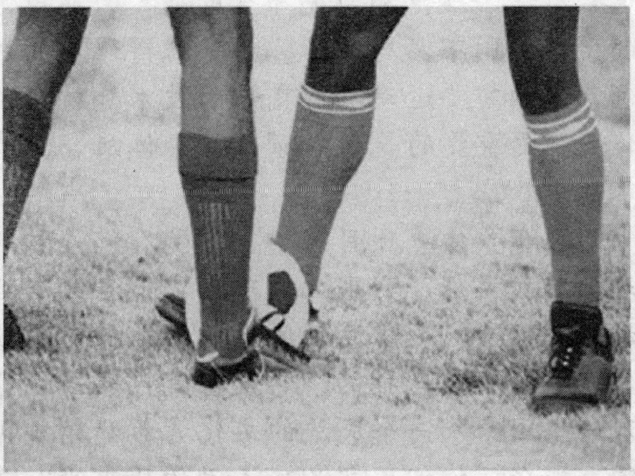

足　球

足球比赛

通常按技术规范和事先布置的战术，在规则的严格控制下参与比赛。为了取得比赛的胜利，不但需要运动员有良好的技术和持久的体力，更重要的是勇敢顽强、集体配合和战术意识。

在众多体育项目当中，备受人们关注的恐怕要数足球了，因此足球有“世界第一运动”的称号。足球运动的魅力，是任何其他体育项目难以比拟的，它最富有代表性地体现一个国家、一个民族的文化素养和精神风貌。那么，你们了解足球运动的历史吗？就让我们一起来回顾一下吧。

足　球

我国历史悠久，也是足球运动的发祥地。据记载，足球起源于我国战国时期，当时被人们称之为“蹴鞠”、“蹴毬”等。在我国宋代，足球运动是备受世人推崇的，当时上至朝廷，下至民间，处处都有人在踢足球，虽然当时的名字和规则都和现在不一样。更有甚者，足球踢得好了还能受到皇帝的重视，还能做到高官，《水浒传》里的高俅这个大奸

小知识

足球王国

巴西是世界上足球最普及的国家。全国有 2 万家俱乐部，11.3 万名球员，平均 10 个人当中就有一名足球运动员。足球是巴西的国球。对巴西人来说，不一定清楚历届总统是谁，可是男女老少没有一个不知道球王贝利的。球迷们对贝利推崇至极，他的球衣、球鞋都是人们追逐的目标。2002 年韩日世界杯上，巴西第五次获得世界杯足球赛冠军。2014 年，世界杯将在巴西举行，广大球迷翘首以待。

小小足球爱好者

臣就是一个很好的足球运动员呢。但是宋朝以后，我国的足球运动并没有取得很大的发展，直到现代的足球运动传入我国。

现代足球运动于 1863 年起源于英国，

1900年被列为奥运会比赛项目。1904年成立国际足球联合会，1930年开始举办世界足球锦标赛（又称世界杯足球赛），每四年举办一届。奥运会足球赛和世界杯足球赛至今仍是规模最大的世界性比赛。

世界杯足球赛是当今的热门话题，它是国际足坛上规模最大、水平最高的足球比赛。世界杯肯定有个奖杯，1970年，巴西三次夺冠之后，就永远占有了奖杯——雷米特杯，这之后，意大利人加扎尼亚重新设计了一个，造型是两个大力士双手高举一个地球，象征着体育比赛的威力与规模，它由纯金制成，重5千克，命名为“国际足联世界杯”（俗称大力神杯），这次规定它不能为哪个国家永远占有，只能保留到下次世界杯比赛开始之前。目前大力神杯的所有者是2010年世界杯冠军西班牙队。

小问题

你知道足球在我国最早被叫作什么吗？

你知道篮球为什么叫“篮”球吗？

众所周知，篮球是很多人都喜欢的运动项目之一。它不仅能引起参加者的兴趣，还对锻炼人的身体素质有积极作用。可是大家知道篮球为什么叫“篮”球吗？

传说篮球是在 1891 年，由美国马萨诸塞

篮　球

篮 球 场

州斯普林菲尔德基督教青年会学校的一个叫史密斯的教师所创。他在课堂上给学生们发明了这样一种游戏：他将两只装桃子的篮子分别装在健身房两端的栏杆上，然后，他让分成两队的学生分别向对方桃篮内扔橄榄球，谁扔进的多谁就获胜。当时，因为桃篮有底，所以就在两只桃篮旁边各放了一个梯子，每次投中后由人爬上梯子，将球取出后再继续比赛。后来，他将这种游戏加以改进，将桃篮的底部去掉。因为桃篮没底，当球被掷进桃篮内时会掉下来，双方队员可以不耽搁时间而接着比赛。在比赛过程中，队员们先争抢球，再以传递或运球的方式将球送到对方的桃篮下面，并设法将球掷进桃篮内。但是用桃篮还存在一个问题，就是桃篮很容易损坏，人们往往需要在一场比赛的中间更换桃篮，这让人感到非常麻烦。于是，人们想出了一个办法，将桃篮换成了铁圈，再挂上线网，这就使得它看起来既像桃篮，又比较结实。因为这种游戏的球篮像篮筐，人们便将这种球类运动称为“篮球”。

篮　筐

小知识

篮球飞人

迈克尔·乔丹——他可以算是美国男子篮球职业联赛(NBA)历史上最耀眼的巨星了，人们用这样的语言来描述他：“在空中他是一个飞人，在地板上他又是一个巨人。”他5次荣获NBA“最有价值球员”称号，10次入选NBA“最佳阵容”，是“NBA历史上最伟大的50名球员”之一，曾率领芝加哥公牛队6次夺得NBA总决赛冠军，12次参加NBA“全明星大赛”，3次荣获全明星大赛“最有价值球员”称号。

可以说，这便是现代篮球的雏形。自从篮球成为一项体育运动以来，就受到人们普遍的喜爱，正如几年前国际篮联秘书长斯坦克维奇在布宜诺斯艾利斯代表大会上所说的“现代篮球运动正朝着下一世纪世界第一运动的目标发展”。1936年第11届奥运会上第一次将男子篮球列为比赛项目，从此以后，篮球就成为各种比赛大家庭中必不可少的一员。

目前世界上主要的篮球赛事有：奥运会篮球比赛、世界篮球锦标赛、NBA 等，在我国最重要的便是中国篮球职业联赛（CBA）了。

1949 年夏，美国 6 支国家篮球联盟(NBL) 队伍并入了美洲篮球协会（BAA)，新成立的联盟改名为国家篮球协会，这就是后来誉满全球、令球迷们如痴如醉的 NBA。

篮球运动是 1896 年前后由天津中华基督教青年会传入中国的，随后在北京、上海基督教青年会里也有了此项活动。在 1910 年的全运会上举行了男子篮球表演赛之后，篮球活动在全国各大城市的大、中学校便逐渐开展起来，其中以天津、北京、上海开展得较好，水平也较高。当时的比赛规则很简

群众篮球比赛很普及

跳跃投篮

单，在球场中间画一个直径约 1 米的中圈，中锋队员跳球时一只手必须置于背后腰部，任何一足不得踏出圈外。技术也简单，中圈跳球后，谁接到球就自己运球，超过防守人就投篮。当时只会直线运球前进，传球方法是单、双手胸前传球，跑动投篮是用单手低手上篮，立定投篮无论远近都是用双手腹前低手投篮。

小问题

大家知道篮球运动最早是在哪里产生的吗？

你知道还有哪些设防型的体育活动吗？

除了足球和篮球以外，设防型的命中类体育项目还有手球、水球、冰球、曲棍球等，那么大家对这些球类运动有多少了解呢？就让我们一起来看一下吧。

手球是一种兼有篮球和足球特点的球类

冰　球

小知识

水球运动

20 世纪 20 年代中期，水球由欧美传入中国香港和广东及沿海城市。香港水球队常到广州表演和比赛，使水球运动在中国迅速得到了传播。1931 年第 5 届广东省水上运动会曾设立水球比赛项目，这是中国最早举行的正式水球比赛。1942 年在延安举行的“九一”扩大运动会上，也曾设水球项目。1948 年在旧中国第 7 届运动会上，水球被列为表演项目。新中国成立后水球运动受到了国家应有的重视。广大教练员和运动员，在吸取国外高水平国家的先进技术的同时，结合自己的特点初步形成了快速反击、轮流切入的打法，使运动水平得到了显著的提高。

运动。1898 年丹麦的体育教师 H. 尼鲁森在 11 人制手球的基础上创始 7 人制手球运动。1906 年丹麦出版了尼鲁森制定的比赛规则。许多开展手球运动的国家都尊称尼鲁森为“手球之父”。手球在 1936 年第 11 届奥运会开始被列为比赛项目。后被取消，又在 1972 年第 20 届奥运会上恢复。女子手球于 1976

年第 21 届奥运会被列为正式比赛项目。

当手球在水中进行比赛时，就成了水球，所以称水球比赛为碧波中的手球大战。水球技术包括游泳技术、掌握球技术和守门员技术。游泳技术包括自由泳、仰泳、蛙泳

激烈的手球比赛

中国国家曲棍球球场

和侧泳等。抬头自由泳和踩水则是水球运动员的专项技术。水球运动起源于 19 世纪 60 年代的英国。1879 年出现了非正式的比赛，1900 年在法国巴黎举行的第 2 届奥运会上，水球被列为正式比赛项目。国际水球联合会每四年举办一届世界水球锦标赛。两年举办一届世界杯水球赛。

曲棍球是使用带有弯头的曲棍控制球，将球射入对方球门得分的球类运动。曲棍球历史悠久，在古埃及的墓葬和建筑物浮雕上都发现过类似曲棍球运动的图像。中国古代也有关于曲棍球活动的记载，唐代称为“步打球”，北宋称为“步击”。19 世纪下半叶现代曲棍球起源于英国。1861 年英国出现第一个曲棍球俱乐部，这是世界上最早的曲棍球组织。

冰球运动是深受广大群众喜爱的冬季体育项目之一。冰球运动是快速多变的滑冰技艺和敏捷娴熟的曲棍技巧相结合、对抗性较强的集体项目。冰球运动起源于加拿大。19世纪初，一位留学美国的加拿大学生乌·罗伯逊，根据在英国了解到的曲棍球结合本国印第安人的“拉克罗斯”球的特点，把球制成扁平形，对球队的人数及使用的曲棍球进行了改革，创立了这种

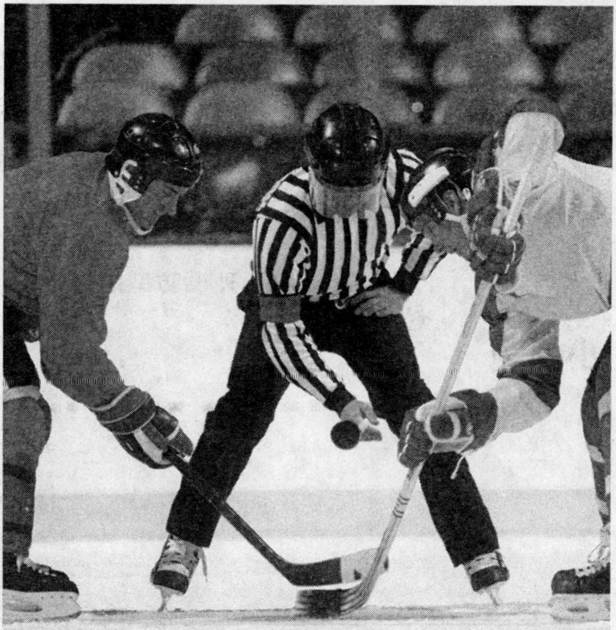

冰球比赛

激烈的冰球比赛

新型的冰上运动项目。为此，原始的冰球也被称为“加拿大球”。1920 年第 7 届奥运会上，冰球被列为首届冬奥会的正式比赛项目。

小问题

你能够说出几种设防型的命中类体育运动呢？

什么是无设防型命中类项目？

上面我们介绍了设防型的命中类体育项目，那么，大家一定会问：有没有不设防的体育项目啊？答案当然是有的啦，射击和射箭就是典型的无设防型命中类体育项目。特别是男孩子们，或许小时候都玩过玩具手枪或是弓箭吧，这就是最简单的射击和射箭。但这类运动是如何引入体育比赛的呢？就让我们来共同了解一下它们的产生历史吧。

射　箭

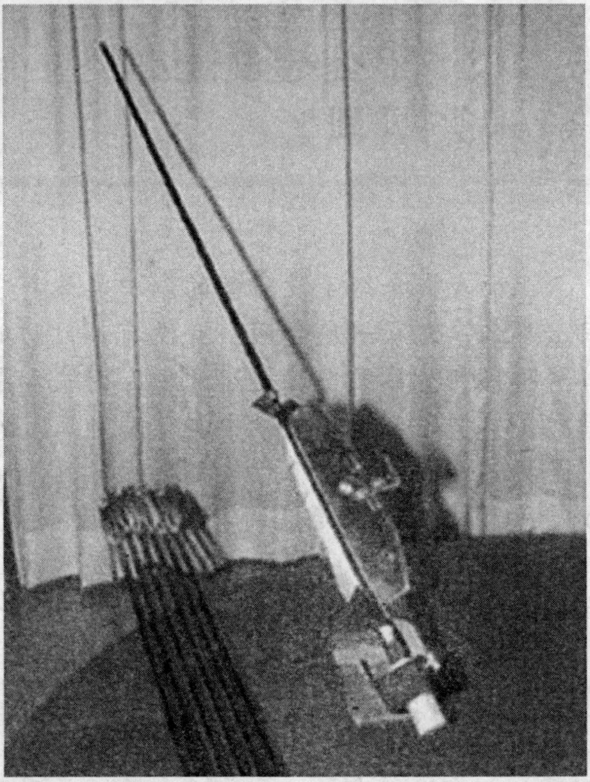

弓　箭

射击和射箭有个共同的特点，就是在无人防守、无干扰情况下，运动员凭借个人技术和体力优势，以命中目标多少计算成绩，一般都是单兵作战。运动员表面看起来很轻松，但内心高度紧张。无论射击和射箭，沉着冷静、耐心细致、意念集中是取胜的关键。

近代射击运动是从军用射击和狩猎射击演变而来。早在15世纪，瑞士就举办过一次火绳枪的射击比赛。随着科学技术的发展，枪也从前装枪发展到后装枪，从军用枪支到专供射击运动的各类枪支。射击精确度的提高，为开展射击运动创造了良好的条件。射击项目按其使用的枪支和射击方法不同分为步枪射击、手枪射击、移动靶射击和飞碟射击四大类型，各种类型又可按枪支的规格、射击姿势、射击距离、射击方法和目标种类的不同，分为更多的项目。

小知识

中国男子射击运动员许海峰

许海峰，中国男子射击运动员。1984年在第23届奥运会中，以566环的成绩夺得自选手枪慢射冠军，成为那届奥运会第一枚金牌获得者。这也是奥运会历史上中国运动员夺得的第一枚金牌。在1986年的第10届亚运会中，他又以660环的成绩夺得自选手枪慢射冠军，并创世界纪录。

飞碟射击

射箭是利用弓箭比赛射准靶子的一项体育运动。1900年第2届奥运会开始列为正式比赛项目，女子项目曾列入1904年第3届奥运会比赛，后被取消，1972年第20届奥运会恢复。射箭是一项古老的技艺。火器发明以前，弓箭不仅是狩猎的工具，而且也是作战的有力武器。随着火器的发明，这种原始生产和作战的工具逐渐失去原有的实用意义，而掺入了不少体育运动因素。射箭的比赛场地必须平坦，南北长130米左右，宽约150米。弓由弓把、弓面及一对顶端带环扣的弹性弓翼组成，弓弦可用涤纶或其他材料制作。箭包括箭头、箭杆、箭扣和箭羽，制作材料不限。靶可以用纸、布等材料制作，上有黄、红、蓝、黑、白5个等宽同心圆区，靶心最高环数为10环。以射中环数总和计成绩，环数多者名次靠前。

射击运动员

女子射击项目

小问题

请你说一说射击项目共有哪几种类型？

什么是制胜类体育项目？

大家在电视中可能会经常见到拳击的场面，对于他们决定成绩的方法可能不太懂。拳击和摔跤、柔道一样都属于制胜类体育项目，他们共同的特点是决定成绩的方法比较

拳击比赛

第 13 届世锦赛拳击比赛主场馆——绵阳体育馆

特殊，它既包含命中对方得分的因素，又可以直接制服对手而获胜。

大家会经常在电视或电影中看到拳击运动，两个运动员戴着手套猛烈地向对方攻击，直到打倒对方为止。拳击是对抗性很强的竞技运动。比赛时两名运动员手戴拳套在规则的限制下，用拳互相攻击和自卫，以击倒对方或者得分多者获胜。1904 年第 3 届奥运会开始列为比赛项目。

拳击起源于古希腊和古罗马时期的角斗。公元前 688 年第 23 届古代奥运会已有拳击比赛，第 41 届古代奥运会还增加了少年拳击项目。中世纪伦敦兴起过有奖拳击赛。英格兰

拳击家 J. 布劳顿为拳击运动制定了规则，该规则直到 1839 年才由伦敦职业拳击协会比赛规则所取代。1867 年英格兰业余体育俱乐部成员 J.G. 钱伯斯提出新的拳击规则，

拳击比赛中运动员为什么要戴拳击手套

据说在罗马帝国时期，奴隶主为了寻求欢乐，就强迫他们的奴隶在圆形广场上进行你死我活的残酷角斗。早期的拳击比赛非常野蛮凶狠，拳击手根本不戴拳击手套，而且比赛没有限制时间，直到一方被打死或丧失还手能力为止。这样，惨不忍睹的流血事件经常发生。

后来，为了既保留拳击这种运动形式，又能保护运动员少受伤害，英国著名拳击家杰克·布劳顿为拳击比赛制定了一套比较文明的规则，并设计了用于比赛的拳击手套。拳击手套用柔韧、光滑、细腻的上等羊皮制成，内中衬垫富有弹性的羊毛、兔毛及棉花，拳套颜色为棕色或红色。拳击手套既可以保护运动员的手免受碰撞时的伤害，又可以减少对对方身体的过分伤害。

拳　击

因受昆斯伯里侯爵赞助出版，后来被称为昆斯伯里规则。1888年美国业余体育联盟成立，同年决定每年举办拳击锦标赛。1923年《芝加哥论坛报》主办了名为“金拳套”的业余拳击比赛。拳击比赛有职业拳击赛和业余拳击赛之分。

说起摔跤，大家肯定最熟悉了，并且小时候为了比赛谁的力气大，就会摔起来。但是，正式比赛还有很多规定，它是两人徒手较量，力求把对方摔倒的一项竞技运动。分古典式摔跤和自由式摔跤，分别于1896年第1届奥运会和1904年第3届奥运会列为正式比赛项目。摔跤运动历史悠久，在古代奥运会就是最受欢迎的竞技项目。当时许多著名的哲学家、诗人、国务活动家以及军队的统帅，多是摔跤比赛的参加者。如大哲学家柏拉图就是当时闻名的摔跤能手。

古代摔跤多为裸体进行，有的仅系一条腰带。当时摔跤比赛除了摔之外还可以拳打脚踢，使用反关节动作，往往引起流血事件。随着技术和规则的不断改进，摔跤运动也逐渐趋向安全。

柔道发源于日本，属于摔跤型的一种徒手竞技运动。男女柔道分别于 1964 年第 18 届奥运会、1992 年第 25 届奥运会开始列为比赛项目。世界各地从事柔道运动的人正在不断扩大，新生的优秀柔道运动员不断涌现，到目前为止加盟世界柔道联合会的柔道组织已达 177 个之多，柔道已经成为一项比

摔　跤

较普及的体育运动项目。柔道有两种差别较大的风格：日本柔道技术细腻、灵活、准确，与中国、韩国等形成亚洲风格。俄罗斯、法国、英国、荷兰、德国等国家将桑勃摔跤、古典式摔跤、自由式摔跤以及各种民族形式的摔跤技法和训练方法运用到柔道，形成粗犷、有力、积极、主动的欧洲风格。

小问题

拳击是由什么演化而来的？柔道发源于哪个国家？有哪两种不同的风格？

第二篇
体育中的科技

北京奥运会，高科技鸟巢给力世界纪录吗？

2008 年北京奥运会是世界体育的盛事，共打破了 38 项奥运会纪录，52 项世界纪录，可说是成绩斐然。你知道吗，在这些纪录的背后，除了运动员们的汗水，还有场馆高科技的重大给力助推。下面，我们就来看北京奥运会的主场馆鸟巢。

鸟巢的田径跑道是名副其实的科技快车道，在世界范围内也是第一次正式投入使用。这种跑道下面铺设的是特种沥青，颗粒

鸟巢跑道铺设沥青

鸟巢跑道铺设表面

只有普通沥青的一半，奠定了极为平整的“地基”。跑道表面纹路原为条纹形，现在改造成了凹凸感不强的颗粒状，而且底面有无数小气囊，像气垫一样增加弹性。跑道表面和底面之间还使用了气压设计，跑在上面，绝对是前所未有的轻松感受。

鸟巢的标准足球场草坪号称中国最牛草坪，面积 7811 平方米，由 5460 块“小草坪”组装而成。小草坪之间拼接紧密，间距只有 0.5 厘米，运动员踩上去，感觉浑然一体。这种草坪全用透水性好的沙子培养，即使下雨，水也即刻由排水沟排走，球场根本不会积水。至于铅球比赛时砸坏的部分，则随时可以替换。

鸟巢的起跑器和计时装置世界领先。甚至可以消除发令枪声传到每个运动员耳朵里

小知识

2008 年 8 月 16 日，牙买加选手博尔特在鸟巢高科技跑道上跑出 9 秒 69 的好成绩，夺得百米金牌，打破 9 秒 72 的世界纪录。事后他表示跑得很轻松，到最后 20 米，他甚至已经开始减速庆祝胜利。据挪威科学家计算，如果他全力跑下去，很可能跑出 9 秒 55，比他当时的纪录 9 秒 69 要快 0.14 秒！

鸟巢内部的最牛草坪

的时间误差。原来，扣动发令枪扳机，信号即刻通过石英晶体振荡器传到起跑器上，由扬声器发出，这样一来，再没有人抱怨位置离发令枪远了。赛道的终点是激光栅栏。当选手穿过终点线，光束中断，电子眼立即向计时台发送信号，记录下选手的成绩。与此同时，高速数码摄像机会以每秒 2000 次的惊人速度实时录下画面。

跳高赛场的横杆也暗藏玄机，它不但可以通过电动装置升降，还能够前后平行移动。为什么呢？这是为了方便撑杆跳高的运动员调节起跳的落杆点与横杆之间的距离。电动装置由电脑控制，精确到毫米。

高科技设备让运动员尽兴，也充分照顾现场工作人员的感受。径赛的标枪、链球都飞得老远，工作人员跑过来跑过去十分辛苦，又耽误时间。而鸟巢给工作人员配备了遥控车来负责运送器械，省力又省时。

以往体育馆里大型比赛，欢呼声此起彼伏，可是声音太大了，不但会引起部分观众的身体不适，还会影响运动员成绩。鸟巢独特的膜结构设计可以很好地消除多余的噪声，

鸟巢内部的撑杆跳高场地

这样一来，鸟巢内气氛热烈，声音又不至于震耳欲聋。而且，膜结构还可以保证通风顺畅，即便观众满座，内部环境仍然清爽怡人。

小问题

说一说新技术在体育场馆的建设中都有哪些作用？

高科技在赛跑运动中有哪些应用？

田径运动的发展是一个不断创新、进步的过程，从生活技能及游戏活动逐渐发展成为体育运动，并在技术、战术不断演变的过程中发展成为现代的高水平竞技运动，里面有着越来越多的高科技含量。特别是在当今激烈角逐、高强度对抗的田径赛场，高新科技不断地为运动健儿们提供“秘密武器”，并由此推动田径运动的发展。在此将介绍

跑　道

路　标

田径运动中的赛跑运动的一些高科技的应用，读者将进一步体会到高科技的魅力。

电脑是现代生活中不可缺少的工具，它可以帮助我们干很多事情，比如我们能用它来写作业，给朋友发信件，和朋友聊天，还可以玩游戏等。但是你们知道它在赛跑中的用处吗？现在科学家们运用电脑进行技术诊断，能迅速纠正运动员的错误动作，从而可以帮助运动员取得优异成绩，而且这只是它的一部分用处。

美国田径飞人卡尔·刘易斯能够取得优异成绩，就曾得到过电脑的帮助。他曾经用电脑进行技术诊断，确定了跳远起跳前最后4步的距离，从而在实际比赛中获得了优异的成绩。

高科技对短跑运动产生了很重要的影响，例如，科学家们对短跑比赛和训练所用的材料和器械进行了研究和改进，这样，运动员们就可以更好地发挥水平了。一般我们上体育课，都是在草皮、泥土等铺设的跑道上进

短跑运动

“水晶跑鞋”与“红色魔靴”

奥运百米“女飞人”、美国运动员玛丽安·琼斯比赛时用的是一种新式跑鞋。跑鞋是根据她跑步时脚后跟从不接触跑道的特点而设计的。它只有前半截，没有后半截，总重量只有 99 克，人们称之为“水晶跑鞋”。而刘翔在 2004 年雅典奥运会夺得 110 米栏金牌时，他脚上穿的红色跑鞋被称为“魔靴”，由耐克公司打造，每只仅重 8 克，刘翔笑称“穿起来像丝袜一样”。

行，但是今天的比赛场却不同了，因为科学家们已经研制成功一种带有弹性的综合材料，用这种材料铺设的跑道具有良好的弹性，很结实，有渗透性和更强的抗磨损性。

在体育课上，我们的体育老师肯定讲过，为了训练跨步频率，形成更有利于跑动的姿势，并增加肌肉的强度和耐性，借助训练器械是必不可少的。现在，运动员所采用

起　跑

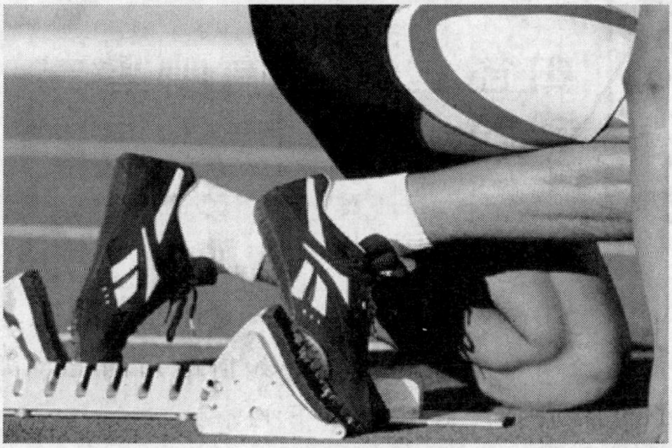

起 跑 器

的新的训练器械中有一种带计量器的踏板和机动电流图的装置。这种装置属于一种感应系统，一般安放在运动员鞋底或者以绷带形式绑在运动员的脚腕上。它通过脚对踏板施加的压力来增加力量和弹性。有了高科技的帮忙，短跑成绩肯定会比以前大幅度提高，你们说对吗？

小问题

你知道高科技是如何在赛跑中运用的吗？

田径运动中有哪些高科技？

除了跑步运动，大家一定还想知道在其他田径项目中，高科技是如何运用的吧。那么就让我们一起来看一下吧。

世界著名铅球运动员奥尔布里顿掷铅球时膝关节总是弯曲。原来以为这是小问题，可是后来，专家们利用高速摄像机拍下的一连串完整动作，然后用电脑对其技术动作进行分析，发现这是他力量损失的主要原因。

运动服装

小知识

2010世界杯，要成绩更要低碳

高科技服装已成赛场必备，越来越多的比赛球衣倾向“技术”层面的发展。在2010年世界杯赛场上，人们的思路有了新的转变，那就是要更环保。多支球队身披“新型环保球衣”亮相世界杯赛场，巴西队、荷兰队和葡萄牙队堪称“环保先行者”。他们的球衣取材于回收的废弃塑料瓶，每件球衣只耗费8个塑料瓶。塑料瓶经清洗、过滤等多道工序处理后，加工成聚酯纤维面料，最后缝制成球衣。“新型环保球衣”的性能有保障，它的重量仅为传统球衣的13%，而且吸汗和散热性能极好。

所以他便根据电脑分析的结果进行了技术矫正。在矫正动作后一个月，他就成为世界冠军，并创造了21.85米的世界纪录。

类似的还有美国的链球选手戴夫·麦崔奇依照计算机的诊断结果改进技术，4年多的时间里成绩提高了近10米，并创下了全国纪录。

许多优秀的运动员的服装都是由某些大公司专门提供的，这些公司为了提高运动员

奥运史上第一位马拉松冠军

的成绩也费尽心思呢。比如说男子 100 米世界纪录保持者格林的服装就是由一家公司组织了一些空气动力学专家参与设计。为了减少空气对人体的阻力，在设计时还进行了风洞实验，收集了大量的相关数据，最终研究出一种抗阻力径赛服装。

新服装有很多独特之处，首先是在脖子周围有一个像围巾一样的“流线型罩”，它的作用就是使空气顺畅地流经脖子周围，以减少空气阻力。其次，新服装还把影响气流的鞋带藏到了鞋里面。最后，还将产生较大空气阻力的肌肤裹起来，而且通过不同部位用不同的颜色来保持大腿的温度稍高一些。此外，新服装的接力手套不仅色彩醒目而且由防滑材料制成，可以防止在接力比赛中

人与空气的较量

掉棒。这种服装真可以说是田径历史上划时代的产品。

“斯沃奇”是一个瑞士钟表品牌，同时，

准确计时使体育比赛成绩更公正

也是瑞士的科学家发明的一整套高科技全自动电子计时设备的代称。

“斯沃奇”不仅能清楚地显示出运动员的分段成绩、平均速度，准确地计时、计分，而且具有“比赛冲刺显示系统”，当第1名运动员冲过终点15秒左右，运动员的成绩就会在体育场的大屏幕上显示出来，正式的冲刺照片很快就能传导至数据中心。

“斯沃奇”曾经在亚特兰大奥运会上大显身手。在当时男子100米的精彩角逐中，英国的优秀运动员克里斯蒂由于抢跑而犯规，但他抢跑的动作用肉眼几乎无法分辨，他本人也都没有感觉到，可他脚下的“斯沃奇”计时装置却精确地显示出来了，这样他只得服从裁判的决定，放弃了决赛权。

在2004年雅典奥运会和2008年的北京奥运会上，“斯沃奇”都大展身手，它的计时和测量技术达到千分之一秒精度，并工作得十分稳定可靠。

小问题

说一说本节介绍的几种高科技手段，它们分别有什么作用？

撑杆里有什么秘密？

大家都知道什么是跳高运动，但对于撑杆跳高却比较陌生。其实呀，撑杆跳高也是一种跳高运动，它和普通的跳高一样，都是田径比赛中的田赛项目。它和普通跳高的区别，就是运动员在进行撑杆跳时，手中多了一根长长的杆子而已。我们现在就介绍一下撑杆跳的关键器材——撑杆。

撑杆起着传递力量、积蓄能量、使运动员越过一定高度的重大作用。而撑杆的弹性、重量和长度，更是运动员能力发挥的关键，因而也成了研究人员探究的核心。在撑杆跳高运动中，撑杆的改进已经经历了木杆、竹竿、金属杆、玻璃纤维杆等 4 个阶段。现在世界上一些著名的撑杆跳高运动员，已经能够跳过 6 米多的高度。也就是说，他们一下能跳过两层楼那么高。这真是令人难以置信。

在撑杆跳高史上，日本运动员曾称雄一时。1932 年，日本选手西田修平奇迹般地越过 4.30 米的高度，获得亚军。接着又

撑杆跳高

在柏林奥运会上夺得银牌和铜牌。其中很重要的原因是日本有着丰富的竹资源，当时世界优秀撑杆跳高选手无一例外地都使用日本加工出来的具有很高强度和韧性的竹竿。

1942年，美国选手瓦马塔姆以一种新型的竹竿创造了4.77米的好成绩，成为竹竿撑杆的最后辉煌，而从那以后，竹竿在世界纪录中便失去了昔日的光彩。第二次世界大战的战火使竹源中断，迫使欧美各国不得不开发轻质合金的金属撑杆。这种金属杆直径均匀、不易弯曲的特点胜过竹

小知识

高空弹跳

跳高是从下往上跃，而高空弹跳却是从上往下跳，也叫蹦极。高空弹跳起源于大洋洲北部的一个小岛 Pentecost，每位成年男子到18岁必须通过成年礼的考验，当地居民用竹子筑成高塔，然后用树藤绑于脚上，从竹塔顶端跳下，礼后即可受到众人的礼赞而成为真正的男人，由此延伸而成为高空弹跳之起源。此礼已经成为当地主要的观光特色。由于现代人疯狂的创意，将此礼延伸而发明了高空弹跳。

撑杆跳高

竿，但是这种抗弯性能好的杆子在插入插穴时会产生很大的冲击力，要求运动员必须练出发达的上肢肌肉，因此，新的撑杆跳高世界纪录虽有更新，但十分有限。

真正使撑杆跳高纪录腾飞起来的是玻璃纤维杆。虽说玻璃纤维杆的弯曲性能刚出世时并不理想，但它的风姿却出乎意料地迅速席卷全球。从此，撑杆跳高的成绩突飞猛进。仅 1962 年至 1963 年，世界纪录就被

杆上风姿

刷新4次，共提高26厘米。世界撑杆跳高名将布勃卡，正是用玻璃纤维杆越过了6米大关，他认为，要再提高运动成绩，必须再研制新的撑杆。

近年来，科学家们已成功地研制出了一种更为先进的碳纤维复合材料，碳纤维是一种含碳量高于90%的无机高分子纤维，将其加入树脂，再加工成撑杆，可以让运动员跳得更高。这种材料的杆质地轻，坚韧可靠，弹性好，而且最大的优点是它不像玻璃纤维杆从一端到另一端只能均匀地弯曲。这一特殊结构可使运动员握杆更高、更容易地把力量用在杆尖，增加弹力，碳纤维复合材料杆，将为运动员再创世界纪录助一臂之力。当然啦，它也包括很多的型号，运动员可以根据自身的体重、力量和速度等选用最适合自己的撑杆。

小问题

为什么说碳纤维复合材料杆更有利于跳高运动员取得好成绩？

运动鞋可以安上“弹簧”吗？

对于运动员来说，拥有一双好的运动鞋是非常关键的。但大家知道运动鞋可以安上弹簧吗？下面就给你们介绍运动鞋的一种新设计。

现在市场上有一种跑鞋，它的特点就是采用了弹性立柱设计，如同在鞋底安上了小弹簧，让你步履轻盈。

Nike Shox 系列运动鞋

Nike Shox 系列运动鞋

据设计这种跑鞋的工程师介绍，这一系列跑鞋跟部装有减震腰挂系统。这一系统与过去的气垫系统相比，可以说是一次技术上的飞跃。借助像弹簧一样的弹性泡沫材料制成的4个立柱，新款运动鞋不仅具有气垫的缓冲作用，而且还能够提供推力呢。

为了使运动鞋既符合人体生物力学的要求，同时又能够承受人们在穿着过程中天长日久的磨损，研制人员进行了好多年的试验。随后，研究人员又着手根据不同运动项目的需要设计了此系列跑鞋中的跑鞋、篮球鞋和全能鞋。

其实这种将弹簧引入鞋的设计想法远在一个世纪以前就已经存在了。已经去世的哈

小知识

新式跑鞋

许多制鞋厂商以及运动科学实验室都在推出新的鞋底设计。例如越野运动鞋中的4层复合鞋底设计：硬橡胶外层鞋底提供牢固的抓地能力，塑胶衬板提供扭曲支持和保护，软垫层用于缓解外界冲击，而硬塑胶鞋跟则给脚踝提供了充分的稳定性。这些设计可以使跑步者在崎岖的林间小路上获得更多的支撑和稳定性。

佛大学应用力学和生物学教授托马斯·麦克马洪首先提出了“协调”跑道的想法，他的意思就是在跑道中加入减震材料，用来提高速度并减少运动员的受伤概率。麦克马洪教授认为，或许我们可以利用弹簧把普通运动鞋变成可协调的运动鞋。新式跑鞋的设计者正是在1984年听取了麦克马洪教授的建议之后，才将这一想法运用到运动鞋的设计制造中的。

事实上，1984年制成的第一个新鞋样品与其说是运动鞋，不如说更像一种中世纪的刑具。试验证明，其巨大鞋跟上安装的钢制

新款跑鞋会给运动员增添更多的动力

弹簧既笨重又缺乏稳定性，更糟的是人们在穿着时感到这些弹簧还可能透过鞋底刺戳他们的脚跟。这样的鞋子谁会买呢？必须选择其他的材料。

在那之后，研究人员又相继引入许多不同的材料进行试验，包括玻璃纤维和碳素纤维等都在试验之列。但遗憾的是，这些材料都在反复的试验中发生了断裂或破碎。直到 1997 年，研究人员在冥思苦想之后才最终找到有效的解决办法：在两层弹性塑料板之间夹入垂直的弹性立柱。这一设计所使用的关键材料是氨基甲酸乙基泡沫材料。这种材料非常坚固耐用，如果落到坚硬的表面上就会高高弹起。其实这就是新运动鞋背后的设计理念：弹性立柱遇到外界冲击而压缩，而后当它们恢复原有高度时，爆发的反弹力就会将穿着者推向前方。这一设计理念在这种跑鞋的设计中被发挥得淋漓尽致。新式跑鞋安了 4 个约 2.5 厘米高的弹性立柱，形成一个方形矩阵，它们为穿着者提供了强劲的弹力。

设计人员为了精益求精，他们在实验室利用影像进行的初步研究发现，当篮球运动员在场上进行高强度运动时，新款运动鞋的弹性立柱表现得不够稳定。于是研究人员缩短了支柱的长度，在其内侧加刻划痕使它们能在受压时向内部弯曲，同时还加固了顶层和底层的衬板，并在鞋的后部增加了一条连接两层衬板的皮带。

他们设计的全能运动鞋又综合了篮球鞋和跑鞋的特点，其弹性立柱高度适中，而且比跑鞋的支柱略粗一点。同时，设计人员还设计了大小不同的支柱以适应不同大小的运动鞋。只需改变弹性立柱的大小和形状，更换具有不同特性的衬板，新式运动鞋就会有完全不同的表现。工程师们最近就正着手试制一种微型支柱，以便为前脚掌受到的冲击提供缓冲保护。

小问题

弹性立柱设计的新型运动鞋是如何被研制出来的？它有什么特别之处？

刘翔的跑鞋有什么特殊之处？

在竞技体育的历史上，从来不缺少高科技的身影，中国跨栏名将刘翔的高科技跑鞋在比赛前就赚足了观众们的眼球，据说，刘翔也曾亲自参与设计过跑鞋，在他看来，跑鞋首先应该舒服，然后就是要好看，那么在赛场上帅气的刘翔穿着的是什么跑鞋呢，让

跨栏运动

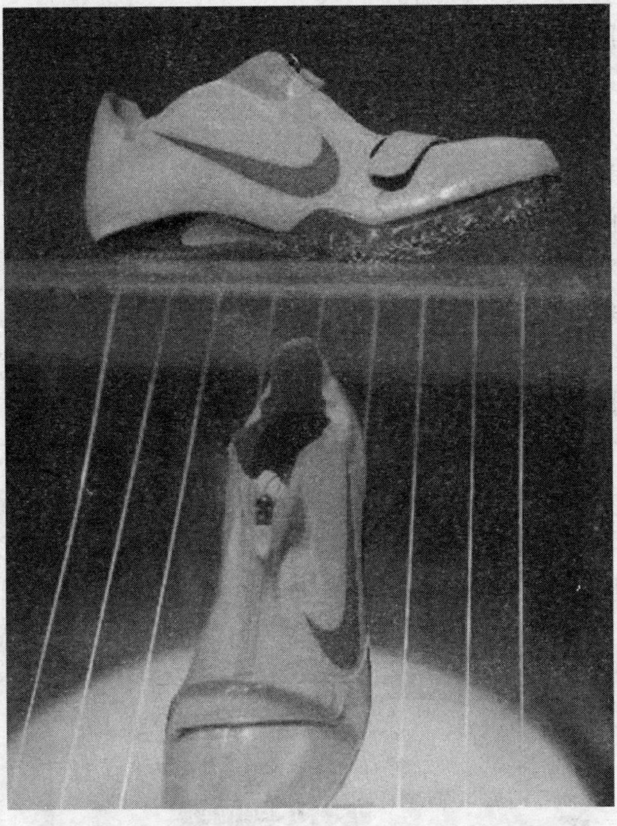

刘翔的 200m SUPERFLY 跑鞋，曾作为雅典运动会战靴

我们来一起看看吧。

跑鞋的重量直接牵扯到运动员的体能消耗，跑鞋的重量每增加 100 克，体能的消耗就增加 1%，这可不是个小数字。曾经的短跑名将刘易斯，就是凭借了一双轻盈的跑鞋创造了男子百米世界纪录，著名跑鞋设计师辛恩·麦克道威尔曾说：“要让运动员感觉如

同赤脚跑，好像鞋钉就生长在他们的脚上。”

刘翔的跑鞋极尽轻薄之能事，鞋面的厚度纤薄若纸，就如同第二层皮肤一样，面料只是用来防止石块和沙土的进入。鞋身仅仅依靠幼细纤维作为支撑。为了增加爆发力，刘翔还要求增加鞋的底板的重量。即使这样，每只鞋的重量也仅为8克。

跑鞋虽轻，并不影响鞋身的牢固和稳定性，它采用了一种新开发的Flywire（飞线）鞋面支撑技术。高强度的幼细纤维如同悬索大桥的钢缆，被精准地设计在足部需要支撑的部位。这样一来，鞋面材料可以减少到形同赤足的程度。这是一种全新思路，设计

小知识

左右不同的鞋

刘翔的跑鞋有一个特别的设计。由于刘翔每次跨栏都用右脚蹬地，左右脚形状有细微的不同。为了更好地保护他的右脚，设计师在右鞋的后跟位置增加了发泡面的厚度，这么看来它是一双左右不同的鞋。

刘翔参与设计的 SPIKE 跑鞋

师们把工程纤维安放在特定部位，形成运动鞋的骨架或承托支架，保持足部稳定到位。而以往的思路是在运动鞋内增加更多元素以获得支撑。

刘翔下栏落地有力，而且在落地之后需要很快弹起，因此鞋底运用特制的碳纤底板制成坚实的前掌，后掌则采用减震效果更好的特制橡胶。

跑鞋的前掌只有 5 颗鞋钉，有效地减少了鞋身的重量。设计师根据生物力学优化了的鞋钉位置，减少对足部压迫点的压力，增大抓地能力。

新型 Flywire 跑鞋还解决了一个困扰了运动员许久的问题：足部滑移。我们知道，当人们穿鞋行走或跑步时，每走一步都会出

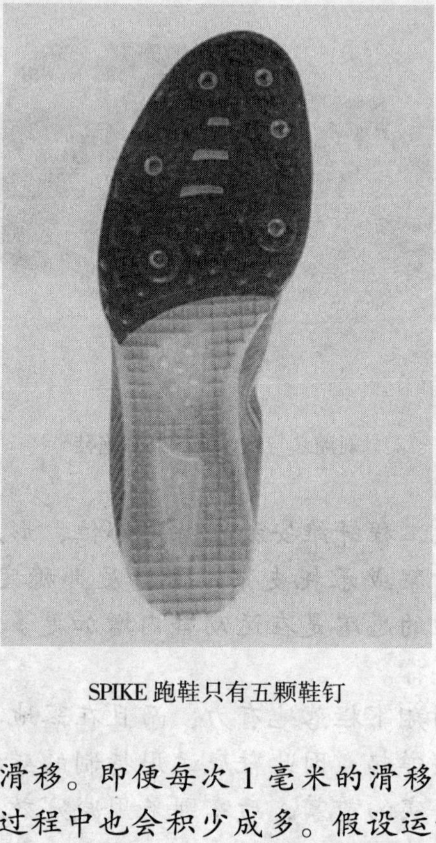

SPIKE 跑鞋只有五颗鞋钉

现足部滑移。即便每次 1 毫米的滑移，在整个竞赛过程中也会积少成多。假设运动员每步前进 1 米，那么，跑过 1000 米之后，就整整滑移了 1 米。要知道，第一名和第三名之间的差距还不到 1 米！刘翔的这双战靴可以牢牢地锁护住脚踝，让他的成绩不受足部滑移的影响。

这双红色鞋面、黄色鞋底的跑鞋究竟会带领刘翔奔向荣誉的何方呢？让我们拭目以待吧！

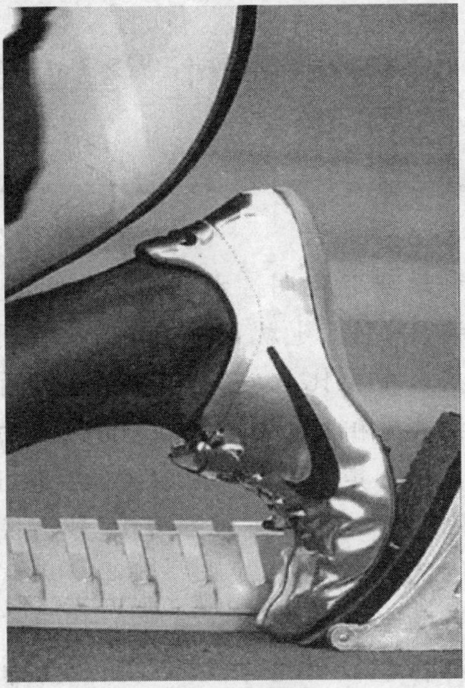

刘易斯的跑鞋

小问题

新设计的高科技跑鞋有哪些特色？为什么说高科技是刘易斯名垂青史的重要因素？

人们为何对“鲨鱼装”又爱又恨？

科学研究表明，水的阻力大约是空气阻力的800倍。也就是说，要减少相同的阻力，在水中要比在空中困难得多。两名体型、推进力相同的选手，在100米自由泳竞赛中，如果其中一个人的阻力能降低1%的话，他用的时间就可缩短0.15秒，换句话说，他就能领先30厘米。因此，泳衣的选择对夺取金牌起着十分重要的作用。世界各国都在积极研究与设计“低阻力泳装”，以尽可能减小游泳者与水的摩擦力。

水中的阻力与水的密度、游泳者的正面面积、摩擦系数、游泳者速度的平方成正比。显然，对于选手来说，水的密度完全相同，要取胜即加快速度意味着必须设法减少正面面积和摩擦系数来减小阻力。日本一位游泳名将曾提出不穿衣服游泳可以创造最好的世界纪录。但事实并不是这样的。荷兰人曾做过对比试验，证明不穿泳衣的平均阻力比穿泳衣还大9%。其实道理很简单，穿游泳衣可遮住身体的凹凸使

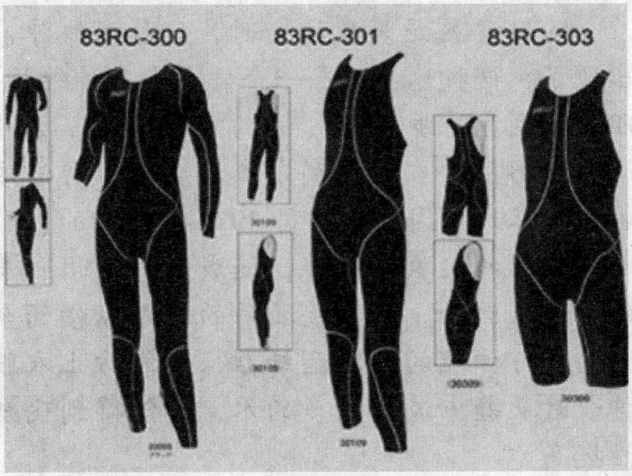

“鲨 鱼 装”

之趋于流线型，水阻力引起的身体变形也可得到一定程度的减少。

首先，泳衣拉力强度要大，以使泳衣束紧全身，减少正面面积；同时剪裁越呈现流线型，阻力就越小。其次，泳衣要有适度的伸缩性，使选手肢体能随意伸展，而不能妨碍肌肉的运动。第三，要使水不会从泳衣表面进入，又要使进入泳衣的水能顺利流出。第四，使用质轻料薄、表面光滑的材料，以减少阻力，同时给人以接近肌肤之感。

自 1950 年起，尼龙泳衣开始在世界游泳界流行。这种泳衣可随身体自由伸缩，尤其是经线方向更易伸长，因此在胸褡的地方衬入了橡胶层，也是为了减少阻力。

1972年慕尼黑奥运会时，一种毛线泳衣出现了，这种泳衣只在一个方向上有伸缩性，阻力得到进一步减少。

1976年，在蒙特利尔奥运会上，游泳衣再展新容。美国杜邦公司1974年生产的一种双向伸缩的聚氨酯纤维，促成一种不用胶层的游泳衣面世。泳衣反面用的就是纵横两个方向都可伸缩的聚氨酯纤维，它能防止衣服伸长时从缝中流入过多的水，性能得到飞跃性提高。

日本人在20世纪80年代推出的泳衣，质地薄，表面光滑，伸缩性能好，与水的阻力比过去的游泳衣减少了10%。

1999年，国际泳联批准一种新的泳装——“鲨鱼装”。在2000年悉尼奥运会上，大脚索

奥运会游泳选手

小知识

"鲨鱼装"的秘密

"鲨鱼装"主材质的表面覆盖着一层叫作"聚亚安酯"的材料，这是一种不透水的聚合物，有助于增大浮力和减少摩擦力。为了配合聚亚安酯增大浮力的作用，泳衣还采用了无缝拼接的技术，可以让水流更顺畅地通过泳衣表面。"鲨鱼装"穿着一次要花去半小时，过于紧密的包裹会让运动员感到不适，因此只有到临赛时才会穿上。

普身着夺人眼球的"鲨鱼装"连夺3金2银的好成绩，创造了泳坛的奇迹，从此"鲨鱼装"成为世界一流游泳选手必备装备。到2008年的北京奥运会上，游泳运动员菲尔普斯更是石破天惊地独揽了8枚奥运金牌，他当时身着的是改进后的"鲨鱼装"。

"鲨鱼装"到底有什么独到之处呢？其实它是Speedo公司生产的一种高科技泳衣，

完全模仿鲨鱼皮肤表面制成。鲨鱼皮肤表面粗糙的 V 形皱褶可有效减少水流的摩擦力，使身体周围的水流更高效地流过，鲨鱼装充分模拟这个特点，大大减小了运动员在水中的阻力。

“鲨鱼装”充分地融合了仿生学的原理：在接缝处模仿人类的肌腱，为运动员向后划水提供动力；在布料内面模仿人类的皮肤，富有弹性。经过实验证明，“鲨鱼装”的表面纤维可以减少 3% 水的阻力，在 1% 秒就能决定胜负的游泳比赛中意义非凡。

从 1999 年国际泳联允许使用鲨鱼装开始，便引来很多批评，人们认为“鲨鱼装”违背了比赛不借助外力的本质，游泳运动简直变成了 Speedo 公司的内部科技竞赛。

游泳选手

游泳比赛

尤其是“鲨鱼装”会增加浮力这一条更是饱受诟病。在强大的舆论压力下，2009年7月，国际泳联禁止运动员穿着“鲨鱼装”参赛。

从此我们在运动场上再也见不到“鲨鱼装”的身影，体育爱好者们感叹说，国际泳坛破纪录的速度锐减，少了很多乐趣。看来，人们对“鲨鱼装”，真是又爱又恨。

小问题

说一说近年来出现了几种材料的泳装？

足球赛场上有高科技吗？

在众多体育运动当中，如果让全世界的人打分决定哪一种是最受关注的运动，其结果必然是足球。因此足球被称为“世界第一运动”。足球运动的魅力，远在任何其他体育项目之上。足球成为一种热情、激情、进取精神、精湛的球技、民主作风、审美意识和冒险精神融为一体的有非凡影响力的运动，还能促进一个国家经济的繁荣、发展。和传统赛场相比，当今的足球场上有着越来越多的高科技因素，从足球的设计、裁判的装备，到赛场布置都体现了足球与时代精神的结合。

在1998年的法国世界杯足球赛上，使用了一种“被赋予了高科技魔力的足球”。球的内部有一层合成泡沫，上百万个微气泡对外力撞击的反应更加平稳，反弹力更大，因而球的速度也更快，更容易踢出弧线、突然下沉等妙球。这种“魔球”是借助高速摄像机和机器人来研制的，能保证每个球都击中同一个目标，从而使得球的性能更加稳定，

足 球 场

更有利于球员对球进行控制。踢足球时下雨是不可避免的，为了克服雨天带来的不便，一种用合成材料制成的与水绝缘的足球被发明出来，无论在水中浸泡多久，其重量和弹性均能保持不变。这样的足球在雨天踢起来就爽多了。

在足球比赛中，裁判的作用非常重要，他的一个误判就会改变一个球队的命运。随着高科技的发展，未来的足球裁判将会采用一些最新装备从而使得他们能够快速、准确地判球。

首先，裁判戴着有液晶面罩的头盔，在这种面罩上能够看到比赛场上所发生的一切情况，并且可以将过去的动作倒回去重放。

在裁判两鬓处装有微型摄像机，因此还可以将镜头拉近，观看细微的局部。头盔上靠近嘴唇的地方装着一个具有收听与播放双重功能的麦克风。边线裁判也有类似的装置，所以他们可以直接对话，不必跑来跑去了。

边线裁判还装备有技术小旗，它上面还有一个称为“震虎器”的按钮，只要一按，

机器人足球赛

在斯德哥尔摩举行过一场别开生面的足球赛——机器人足球赛，充分体现了高科技的魅力。赛场上，机器人一边用摄像机、传感器观察情况，一边马上根据其体内存储的资料作出判断，或者带球，或者传球。它的驱动系统相当复杂，其电池部分是较为紧凑的微型结构，以提高工作效率。由于具有人体肌肉特点的薄片状驱动装置，它能够灵活机动、长时间地在赛场上活动。观看过的人都对目前机器人的发展水平惊叹不已。

足　球

裁判佩戴的接收器就发出振动，像手机在接受信息时会发出振动一样。并且，裁判“哨音”也会消失，在裁判的腰带上装有一个小小的按钮，它能发出极为响亮的声音，赛场内外的人都能听到。

而比赛的计时器是一个可以精确到百分之一秒的计时小装置，它同场上的大屏幕相连，所有的人都能清楚地知道离比赛结束的时间还有多长。在罚任意球时，从这个小装置的腕带上发出的激光，还可以准确地测量球员与球之间的距离是否合乎规则呢。

按照目前的足球规则，当球的整体完全

超过球门线时，就算进了球。实际上，由于肉眼的局限，裁判很难完全准确地判断是否真正地进了球，因而会造成误判。现在科研人员正在研究在门柱内一定距离处安装上一个特殊的感应器，感应器发出的射线刚好挡住球门，形成一条“进球线”。当球越过进球线时，感应器能够马上鉴别出来，并将进球结果传送给比赛控制中心。

在由“进球线”所画定的球门内，分布着很多“电子眼”，当球穿过“进球线”射进球门时，足球内部设置的仪器带动“电子眼”启动。“电子眼”再指示球门横栏上的指示灯闪亮，这样现场的观众和球员就能立即得知球是否真进了。

仿佛与脚融为一体的足球

手执彩旗的足球裁判

请你说一说，未来的足球裁判将有哪些新装备？

羽毛球拍的外观怎么变了？

体育运动离不开科技，在羽毛球运动中，球拍的设计是克敌制胜最重要的因素之一，就像战场上士兵离不开枪一样，优秀的运动员也离不了好的球拍。在两个运动员实力大致相等的时候，决定胜负的条件往往就是球拍的好坏。在日常的运动中，一支好的球拍也有助于提高你的动作准确性。虽然一支好的球拍肯定价格很高，可是，它确实是我们锻炼身体和取得好成绩的必要条件。

下面，我们就来看一看羽毛球拍外观设计方面的几个奥妙之处。

首先是球拍的形状变成了加大的 ISO 形。喜欢羽毛球运动的人可能会注意到，球拍的形状不完全一样，有的呈椭圆形，有的头部为方形，这种头部呈方形的球拍的正式名字叫 ISO 拍，用过的人会发现它比椭圆形的好用。最近几年，ISO 形的弦面变得更大了，这是为什么呢？

这是因为决定羽毛球运动员能不能打出高质量球的主要因素是最佳击球区的选

羽毛球拍框

择。而决定最佳击球区大小的是羽毛球拍的框形。ISO球拍的最佳击球区比椭圆形球拍大得多，而且位置更适当，在击球的时候，运动员能够有足够的击球威力和控制球的能力，震动感很小，感觉更舒适。ISO的设计使球拍比原来的椭圆拍形的最佳击球区增大了32%。而加大ISO形最佳击球区又比普通ISO更大一些。因此，这种外形有些古怪、不太好看的球拍在实际运用中便显示了它的优秀之处，它能使防守，特别是接杀球时压力明显减小。所以，选择羽毛球拍千万不要

"以貌取拍"，要根据是不是实用哟！

此外，羽毛球拍接头也有奥妙。在挑选羽毛球拍的时候，人们一般会非常关注拍杆和拍框的接头方式，你知道这是为什么吗？试想，如果接头松松垮垮，拍杆就无法把运动员的力量传导到拍框，击球就会失去力度和方向。接头的好坏对球拍的整体性能的影响的确是很大的。

小知识

羽毛球运动

羽毛球运动起源于 1873 年英国格拉斯哥郡（Gloucestershire）一个名叫伯明根（Badminton）的村落，这也是羽毛球运动英文名称的由来。起初，羽毛球运动并没有统一的形式，直至 1875 年在印度的普那地区才首次制定了羽毛球运动的比赛规则。1893 年，英国羽毛球协会成立，并重新修订和统一了羽毛球比赛的规则。1934 年，国际羽毛球联合会终于成立了，成员国包括多个国家及地区。亚洲羽毛球联合会亦于 1959 年在马来西亚的吉隆坡成立。

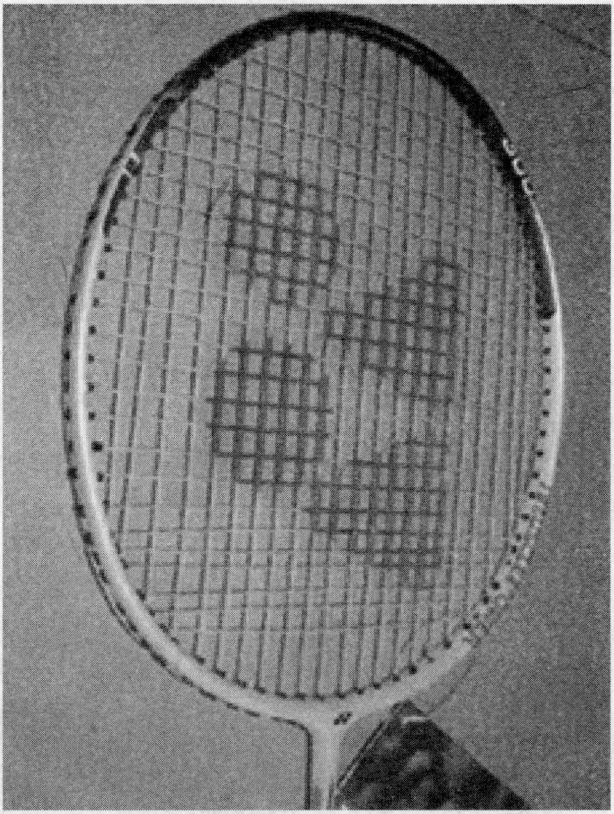

羽毛球拍接头

接头从外形上看有T形和Y形两种，而从工艺上看，也分为内置和外置两种。说到这里，有些人会感到奇怪了，我家的羽毛球拍没有接头呀？拍杆和拍框是一体的呀？而实际上接头隐藏在外壳里面，这就叫内置接头。比如现在常用的全碳羽毛球拍就采用了

一套羽毛球用具

内置接头。它采用高强度碳纤维制成，工艺要求很高。而在外面能够看出来的就叫外置接头，比如原来经常用的铝框球拍，但它的毛病就是比较重，容易断裂，所以逐渐被淘汰了。现在最流行的是内置接头的工艺。

目前的技术只能使极少数的球拍采取无接头工艺，因为它的造价很高，但是这样的球拍未必就比有接头的球拍更好用。这是因为羽毛球运动对击球的准确性要求很高，拍框和拍杆分开制作然后再用接头连接，这样有利于更好地控制球拍的品质，在重量和平衡点的调节方面也会更好把握一些。

小问题

请你说一说，为使运动员发挥最佳水平，ISO 形和椭圆形球拍相比有哪些优点呢?

新羽毛球拍的材料有哪些变化？

上面我们介绍了新的羽毛球拍的外观设计的变化，那么，大家一定会问：新的羽毛球拍结实吗？材料有变化吗？下面我们就谈一谈这方面的问题。

根据科学家的测试，在打羽毛球时，球与球拍的接触时间只有4~6毫秒。在击球前运动员有一个挥拍过程，球拍击到球时，拍杆也有一个弯曲和复原的过程。所以在球

羽毛球运动

小知识

世界羽毛球锦标赛

20世纪70年代后期，国际羽联鉴于组织的扩大、国际竞赛活动的增加，全英羽毛球锦标赛已不能满足日益发展的羽毛球运动的需要，因而决定于1977年在瑞典的马尔默举办第1届世界羽毛球锦标赛，以后每三年举行一次，但没有团体赛。1983年第3届在丹麦举行，中国队第一次参加，李玲蔚获女单冠军，林英、吴迪西获女双冠军。后来国际羽联对赛事规则进行了修改，每逢单年举办世界羽毛球锦标赛。

拍还没有恢复原来的形状之前，羽毛球已经飞离了拍面。

根据上面的介绍，大家想想在打羽毛球的双方用同等力量的情况下，会出现什么样的情形呢？那就是拍杆越软，在击球前的挥拍过程中球拍弯曲得就越厉害，相应的击球力量也就越大。相反，拍杆越硬，击球震动球拍的力量也就越小，击球的力量也就越小了。

那拍框是不是也是越软越好呢？不对，拍框正好和拍杆的情况相反。拍框的硬度越大，接触球时就越不易发生变形和扭动，越能把更多的力量传给羽毛球，同时传递的震动也越小，球就能获得很大的速度和力量。经过进一步的科学实验，也证明了上面说的结论是正确的。

既然这样，羽毛球拍的制造者就会把拍杆设计得软一些，增加对回球落点的控制性，而把拍框设计得硬一些，增加对回球方向控制的稳定性。这样的球拍对球的控制比传统的球拍要容易得多，打起来的手感也越来越好，越来越省劲，羽毛球运动也就越来越适合业余运动者的日常锻炼了。

那么羽毛球拍用的材料是什么样的呢？这是人们很关注的又一个方面。实际上，随着人类技术水平的提高，球拍材料也在不断变化。

20世纪70年代以前，羽毛球拍的材料主要是木材和钢管，70年代开始采用了铝合金，而今天则完全是新材料的世界，如碳纤维、钛合金、高强度碳纤维等。这些材料更轻、强度更高、更耐用，也能吸收更多的震动与震荡，同时球拍在硬度、球感、击球性能的设计上也有更大的发挥空间。

羽毛球比赛

在购买的时候，人们很容易把铝框碳杆的一体球拍误认为是全碳羽毛球拍。这里有个小窍门，你可以用手摸摸拍框，铝合金的导热性好，其拍框摸上去是凉的，而碳框则是温的。另外，你可以感觉一下重量，铝框的拍头明显偏重一些。

现在还有一个新趋势，那就是把航天材料钛金属添加在羽毛球拍的拍头上，这种材料比一般碳素纤维坚硬两倍半，而且也并不沉重。这种金属可以使羽毛球拍拍头速度更快，使击球力量更多地传送到球上，控球能力也更好，而又不会增加拍框的重量。并且，钛还可以改善击球点不在球拍面接球最佳区域时的击球效果。这些优点得到大多数运动员的欣赏，这不，几乎所有的世界级双打选手和大多数女子单打选手都开始采用这种球拍了。

小问题

你知道为什么新式羽毛球拍的质量更好吗?

乒乓球与乒乓球拍的奥妙在哪里?

乒乓球有“中国的国球”之称，几乎每个人都能打上几拍子。我国也培养了许许多多优秀的乒乓球运动员，像当代的邓亚萍、孔令辉、刘国梁等。所以很多人对乒乓球赛场内外发生的事情很关注，比如为什么改为大球？什么样的球拍比较好？这就是下面我们要介绍的内容。

国际乒联决定从2000年10月1日开始，

乒乓球馆

用于比赛的乒乓球将改用大球，也就是乒乓球的直径将由原来的38毫米增加到40毫米。很多人会不理解：用小球不是好好的吗？干吗非要用大球呢？

这是因为现在乒乓球技术发展得非常快，很多乒乓球运动员都身怀绝技。他们有的能把球打得很转，有的抽杀力量非常强大，有的速度非常快。球越转，速度越快，对手便越难招架，从而容易在很短的时间内赢球。这样一来，乒乓球比赛将“速战速决”，比赛双方的相持过程非常短。说到这里，大家可能还是不理解，这与改用大球究竟有什么关系呢？

乒乓球球拍

小知识

中国乒坛名将

中国选手容国团在1959年第25届世乒赛上为我国夺取了第一个乒乓球世界冠军。自那以后，中国队在世界乒坛上便所向披靡，中国队多次囊括世乒赛的所有冠军，其间产生了无数乒坛巨星：庄则栋、徐寅生、李富荣、许绍发、王涛、邓亚萍、乔红、孔令辉、刘国梁、王励勤、王楠、张怡宁等。

原来，改用大球以后，乒乓球的速度和旋转都会比原先慢很多，拉球和抽球的威力都没有以前那样大，这样就不容易在一两板之内将对手击倒，比赛双方的相持时间会大大延长，从而对运动员的乒乓球基本功提出了更高的要求，也迫使他们更加努力去研究比赛中的各种战略战术。并且，比赛双方相持时间延长以后，人们可以慢慢欣赏运动员在场上的各种动作，从而使得这项运动具有更好的可观赏性。

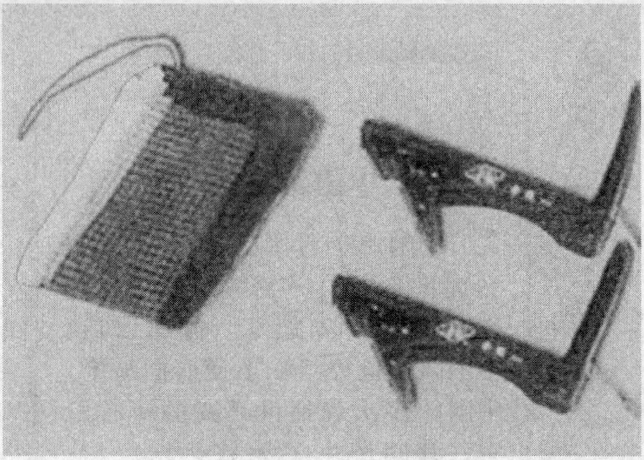

乒乓网球架

如果你刚刚开始学习打乒乓球的话，那么平时一定要用大球进行训练，不过，还是有很多乒乓球爱好者喜欢用小球来比试，因为那样变化更多，更刺激。

爱好乒乓球的人首先需要挑选一只适合自己的球拍，球拍合适才能更好地发挥运动员的特长。一般来说，球拍的差别主要在胶面上，不同打法的人需要选择与自己风格相适应的胶面。

那么，各种乒乓球拍胶面有什么差别呢？总的来说，胶面可分成正胶、反胶和长胶。

正胶是正面有凸起的一种胶面。正胶的特点是弹力好，在击球后球与球拍的接触面小，接触时间比较短，击出的球速度较快，

适于进行快攻。

反胶是正面平滑的一种胶面。反胶的特点是弹力也很好，在击球后球与球拍的接触面较大，接触时间相对较长，适于打弧圈球。

长胶也是正面有凸起的一种胶面，但凸起的长度比正胶要长得多。长胶的特性比较难以把握，在击球后对方难以了解球的速度和方向，从而容易让球碰在网上。长胶打法一般不作为运动员的主要打法，而是粘在球拍的背面，作为辅助打法。

此外，大家在挑选自己的球拍时，球拍的轻重是否适当、握着是否舒服也是应该考虑的因素。

小问题

说一说你打乒乓球的时候用的是什么胶面的球拍，它的特点是什么？

自行车上也有高科技吗？

如果给大家出一道抢答题，问“我们国家什么车最多？”我估计你们会不约而同地回答“当然是自行车了”。对，我们是自行车的王国，其实，自行车不但是我们生活中不可缺少的交通工具，而且是一项极其重

自 行 车

自行车比赛

要的体育运动。奥运会赛场上有它的风姿，自行车锦标赛上更是它展现独特魅力的场所。既然它这么重要，人们当然会千方百计地改进它，使它更好地为我们的生活和比赛服务。下面就给大家介绍自行车里的高科技。

大家都知道，骑自行车时，速度越快，空气的阻力就越大。平时我们在骑自行车时，把大部分体力都消耗在克服空气的阻力上了。研究人员经过仔细分析，发现自行车后轮钢丝周围的空气呈反向流动，并形成许多漩涡，从而加大了阻力。为了改变这一现象，人们改用石墨材料制成流线型车轮，克服了漩涡现象，大大减少了空气对自行车的阻力。

科研人员还参考飞机的空气动力学设

自行车比赛

计，将车身上的螺母、螺栓等全部隐藏于车内，并用重量轻的碳纤维制成车身的骨架，它的链条挡板和内胎几乎像纸一样薄。其主梁的前叉宽度仅3厘米，这样又减少了部分阻力。这种特殊设计的自行车重量仅仅7.4千克，与我们熟知的自行车几乎

场地自行车比赛

在被称为“圆形场地”的赛场上，自行车运动员全身装备齐整以后，看起来都跟《星球大战》中的机器人似的。而场地赛中采用的自行车只配有一个齿轮，无闸。但是这些技术和器材却是经过多年的改进才获得的，目的只有一个，就是让人把自行车骑得越来越快。在1984年洛杉矶奥运会上出现的新技术和新器材特别多，其中包括首次出现了没有辐条的碳素轮胎。在1992年巴塞罗那奥运会上，英国选手鲍德曼就是凭借赛车技术上的提高为英国获得了自1920年以来的第一枚金牌。鲍德曼的自行车为全碳素材料，总重量还不到9千克，并且很多部件都采用了空气动力技术。

大相径庭，被称为“超级自行车”。

设计人员还把车把安放在非常靠前的位置，使车手们俯身骑车时，臀部高高地撅在空中，这样能够减小风的阻力，往往能把成

场地自行车比赛

自行车运动员在夕阳下的风采

绩提高不少。美国车手还会穿上改良的比赛服，这种服装的缝合处是根据气流原理设计的，可以降低摩擦。这种比皮肤还光滑的服装也许能把成绩提高 1～3 秒。借助这些秘密武器，美国运动员在第 26 届和第 27 届奥运会 100 千米自行车团体赛中取得了很好的成绩。

请你说一说“超级自行车”有什么特点？

你知道“卡丁车”运动吗？

现在很多人都喜欢汽车，无论是收集它的图片还是模型，都是一种美的享受。更有许多小汽车迷，不能开上真的赛车，就在电脑或游戏机上过把赛车瘾。马达轰鸣，战车疾驰，你追我赶，风驰电掣，简直刺激极了。下面我就给你们介绍一种现在流行的赛车，那就是卡丁车。开卡丁车可以健身，锻炼人的胆量，被称为勇敢者的运动。

“卡丁”这个词来源于英文“karting”。卡丁车起源于欧美国家，是一种微型敞篷赛车。卡丁车中也隐含着种种高科技，这是因为卡丁车的制造，涉及机械、电子、钢铁、化工、石油、玻璃等数十个行业。卡丁车的学名叫 F－4 赛车，起源于 20 世纪 50 年代，由于它具有很显著的特点，在欧美大陆、苏联和东欧地区，卡丁车运动发展可迅速了。

卡丁车一般有休闲和比赛两种，两种车的区别就是最高速度不同，比赛用车的最高速度每小时可达160千米，左脚刹车，右脚油门，操作十分简单。卡丁车的魅力在于它比较安全，身高1.5米以上的男女老少都可以参加，驾驶容易，上车就能开，不需要驾照，车手可以尽情享受休闲、娱乐、健身的乐趣。当你坐上车亲身体验一下，听到发动机的轰鸣，你将会找到一种前所未有的快感。虽然令人心惊，但是只要严格按照赛车规范驾驶，一般没有什么危险。

或许你的梦想就是当一名赛车手，体验风驰电掣的感觉，开卡丁车可以帮助你实现你的梦。卡丁车运动是世界流行的赛车运动，也是培养职业赛车手的摇篮，我们熟悉的众多F－1车手像塞纳、舒马赫、威廉纽

卡 丁 车

小知识

F－1车赛

F－1车赛的全称为国际汽车联合会一级方程式赛车世界锦标赛。这项运动遍布全世界，从东欧到西欧，从北美到南美，还有亚洲的日本和大洋洲的澳大利亚，每年都有赛事。F－1赛车是世界上使用高科技最多的汽车，用最先进的电脑帮助设计车身和发动机，车身由航空材料制成。这个项目投资巨大，一支车队通常有50～150位成员，每年耗资都在千万美元以上。2004年，在上海已经建成了我国第一个F－1赛车场，并于当年举办了第一场F－1比赛。

夫、希尔、普罗斯特等都是从卡丁车入门而成为世界顶级车手的。

卡丁车结构十分简单，由钢管式车架、转向系统脚蹬、油箱、传动链护罩、车手座位和防撞保险杠等组成。卡丁车操作简便，车手戴上防护头盔和手套，只需要记住左脚刹车，右脚油门，方向盘是1:1转向，即可驰骋赛场。卡丁车底盘很低，离地仅4厘米，跑道光滑平整，车手会感到风驰电掣，加上发动机的轰鸣，能感受到平时所体会不到的乐趣。一旦滑出跑道，卡丁车会自动熄火停止前进，不会翻车，从而保障了车手的安全。

卡丁车也是一项极具魅力的户外休闲运动。这项流行于欧美的无车厢微型敞篷赛车，没有风挡，能获得高于实际车速2~3倍的感觉，特别是在弯道上能产生3~4倍于重力的横向加速度的超速感，让你尽享追风逐电的快感。当你驾车奔驰在赛道上，那种紧张和心跳的刺激妙不可言。驾驶卡丁车可以锻炼反应灵敏度，并对大脑、眼睛、手脚及身体其他部位进行

卡丁车比赛

卡丁车运动

很好的协调，是锻炼勇敢精神的最佳选择。卡丁车是赛车运动中最省钱的一种，具备所有赛车运动的基本内容，并且卡丁车结构简单、操作灵活、安全性好，相信越来越多的人愿意体验这项运动。它价格比较低，大众阶层都能消费得起。每逢双休日，一些青年人纷纷奔向卡丁车赛场，在蜿蜒起伏的赛车道上风驰电掣地过把瘾，简直爽极了。亲爱的读者，心动不如行动，还不赶快去体验一把？

小问题

卡丁车和其他赛车相比有哪些特点使它成为都市新运动？

什么是科学的体育训练方法？

运动训练是学校体育教学的延伸，虽然它仅仅是其中很小的部分，但它的内容却相当广泛，包括了医学、保健、心理等很多方面的内容。所以，要搞好运动训练，不仅要

晨　练

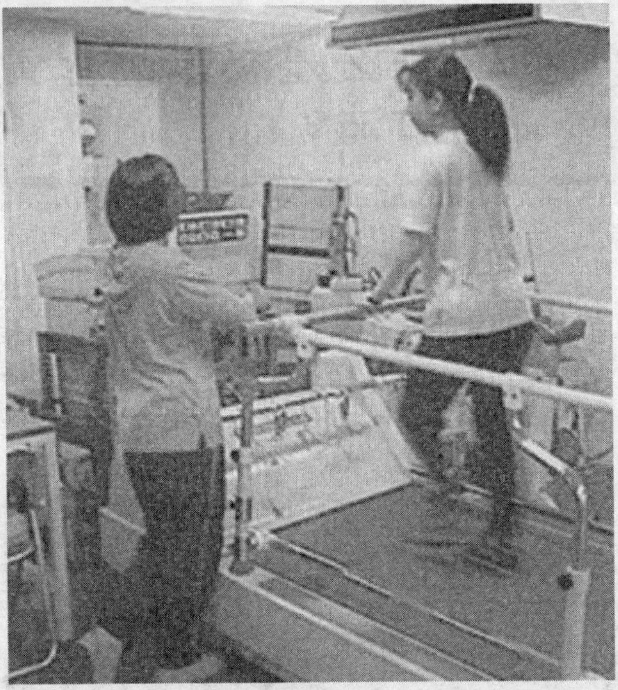

体育训练

求我们要掌握运动训练方面的知识，还要掌握其他相关知识，这就比普通体育运动要难得多啦，下面就向大家介绍几种常见的训练方法。

体育训练时间的长短，因不同的人和运动项目而有所差异。如果训练安排不当，不但会对日后成绩的提高有不利影响，严重时甚至会损害参与者的健康。

特别是在训练的初期，参与者应当时常

跳　绳

健 身 操

留意身体对运动的反应，如果有异常疲劳、食欲缺乏或睡不安宁等情况，就要检查是否进行得过急、过多。参与者还必须养成良好的作息习惯，以确保有足够的休息和睡眠时间，使机体能尽快恢复。此外，由于参与运动会使能量消耗有所提高，因此要注意饮食，使身体得到充足养分的补给，以免出现营养不良或影响训练。

最后，就是要预防运动创伤的发生，“循序渐进”始终是参与运动训练的首要原则。

说到训练，大家大概都听说过高原训练。高原训练对于田径运动员提高成绩有明显的作用。在高原训练中一般应该根据运动员的

机能状态水平，利用小周期训练来提高强度的积累量，用滚雪球的方法，逐步培养竞技能力。以有氧训练为主，先慢后快，坚持大运动量，这样的高原训练将是比较成功的。高原训练的周期可以安排 5～6 周，也可以是4～8 周，一般分为有氧训练阶段、提高能力的混氧阶段和有氧混氧为基础接近比赛

运动负荷阈

训练中的“运动负荷阈”是指刚刚能引起机体产生训练适应的最小负荷强度。即低于这个阈值的负荷，将不会产生应有的训练适应。对于刚开始训练的新手，运动负荷阈一般相当于现有的最大负荷能力的 30%。而高水平运动员的运动负荷阈可高达本人现有最大负荷能力的 70%。在锻炼实践中，应该主要根据自己的体质和健康状况及已有的运动能力，来摸索和把握这个阈值，这样才会取得较好的训练效果。

跑步是极好的健身运动

的实战阶段。通过三个冲击波来实施，就是把量练上去，再调下来，再提高强度，比赛时冲上去，采用递增负荷反复3次。每个阶段的间歇也不一样，间歇通常是2～3天。间歇时采取登山、慢跑4千米、小型比赛或全休的方式调整，然后运动员就将到赛场上一展风采了。

在体育锻炼中机体出现疲劳现象是很自然的事，但在正常情形下，这类疲劳经过

登　山

12~24小时便应该逐渐消失。但如果训练计划安排失当，例如忽略了训练与恢复的配合，使运动员在疲劳的状态下继续承受大强度运动量的刺激，已经疲劳的机体便难以得到恢复，超量补偿将无法达成，运动员也可能出现衰竭的现象。如果仍然坚持训练下去，就会形成过度训练状态。而且，只要造成过度训练状态的原因仍然存在，运动员便难以从

体育训练

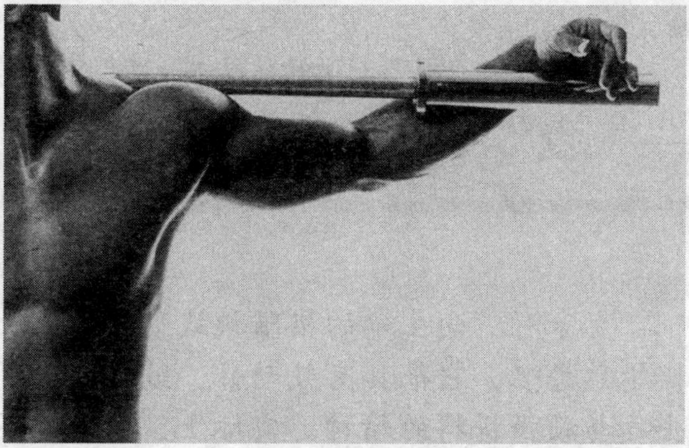

借助简单器械健身

中恢复过来。过度训练的明显后果是运动员的工作能力及运动成绩下降，在这之前，甚至会出现失眠、食欲缺乏、大量出汗等现象。

小问题

说一说，过度训练对于运动员有哪些害处？

你懂得“向生命的极限挑战”的意义吗？

大家对“向生命的极限挑战”这句话大概很熟悉吧，它很具有鼓动性，鼓舞我们的士气与顽强拼搏的精神。实际上，它不是一句简单的口号，而是一个重要的运动科学的课题。在这节里，我们将介绍关于这个领域内的话题。

极限运动——轮滑

直升机蹦极运动

人类体能的极限究竟有多大？对于这方面的研究，始终是现代运动科学的一个尖端课题。运动生理学家经过大规模的科学研究与论证，初步认识到人体组织与各种运动有

重大关系，如肌肉的运动能有多快、人体能产生多少能量、肌腱和骨骼能承受多少压力，等等。他们的研究表明，在许多运动项目中，

极限运动

跳　　高

物理学和生物学的基本定律主宰着人类体能的极限。在当代激烈的竞技运动场上，科学技术的运用使人们不断认识规律、掌握规律，从而不断向生命的极限冲击。

早在 20 世纪 60 年代，人们基于对地球引力的认识，根据当时 2.26 米的世界跳高纪录开始了跳高极限的讨论，得出了“跳高成绩不可能无限增长，应有人类竞技极限值”的“跳高极限论”，得出了人类跳高极

跳高的极限是多少

限是 2.40 米的结论。

1970 年我国跳高运动员跃过 2.29 米高度，创造了当时的世界纪录，在长达 8 年的时间内才将高度增长了 3 厘米。运动生理学家由此得出结论：离极限越近，运动员创造纪录越困难，时间间隔也越长。世界科技浪潮的汹涌澎湃，使各国体育科学家在训练、助跑、起跳、姿势、运动服装及跳鞋等方面进行了改革，传统的“跨越式”、“俯卧式”渐渐被先进的“背越式”所代替。男子跳高的世界纪录又向前迈进了。

20 世纪 80 年代，中国运动员朱建华分别在 1983 年、1984 年三次打破世界纪录，跳出了 2.37 米和 2.39 米的好成绩。1993 年，26 岁的古巴黑人运动员索托巴约尔奋力一跃，跳过了 2.45 米的横杆，世界室外跳高新纪录诞生了。从 2.26 米艰难地升至 2.45 米，经过了 30 年的漫长历程。到目前为止，已有 6 位运动员跳过

小知识

极限运动

极限运动是指人类在与自然的融合过程中，借助于现代高科技手段，最大限度地发挥身心潜能，向自身挑战的体育运动。它除了追求竞技体育超越自我生理极限“更高、更快、更强”的精神外，更强调参与和勇敢精神，追求在跨越心理障碍时所获得的愉悦感和成就感，同时，它还体现了人类返璞归真、回归自然、保护环境的美好愿望，因此已被世界各国誉为“未来体育运动”。

赛　跑

了 2.40 米的所谓极限高度。

20 世纪 80 年代中期，国外有的专家根据历年来世界田径运动成绩的进展情况而预测到 2000 年田径世界纪录，男子 100 米最高成绩 9.79 秒，最低成绩 9.91 秒，平均成绩 9.84 秒；男子跳高最高成绩 2.50 米，最低成绩 2.39 米，平均成绩 2.45 米；男子撑杆跳高最高成绩 6.11 米，最低成绩 5.92 米，平均 6.04 米；女子 100 米，最高成绩 10.49 秒，最低成绩 10.75 秒，平均成绩 10.66 秒；女子跳高，最高成绩 2.16 米，最低成绩 2.11 米，平均成绩 2.14 米。科学的预测是建立在科学技术发展的基础上的。现代科学技术在竞技体育运动中的广泛渗透，先进的科技成果在竞技体育运动中的广泛运用，促进了竞技运动水平的提高，也推动着人类不断向自身生理极限提出挑战。

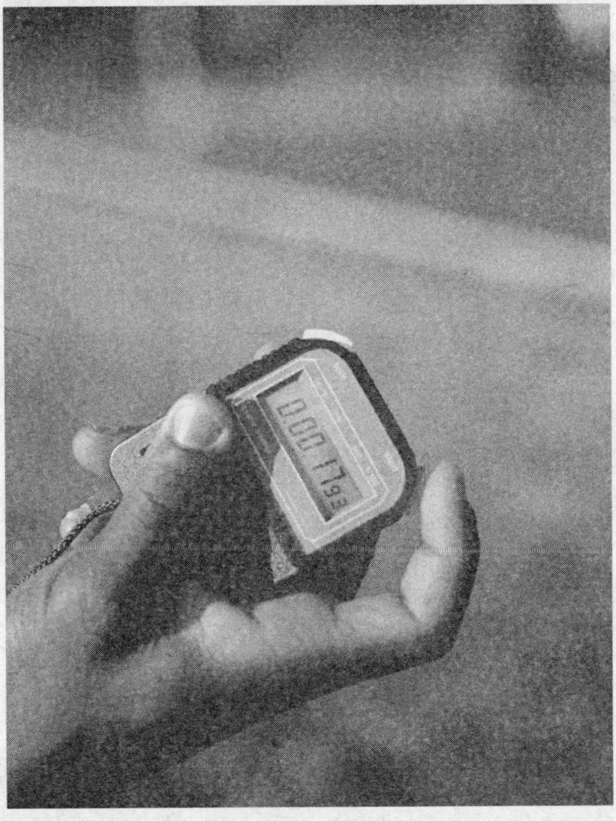

秒　表

马拉松运动具有广泛的群众基础

小问题

第一个突破跳高极限高度的运动员是谁？之后又有多少个跳高运动员突破了这一个高度？

“兴奋剂”有什么危害?

目前在进行各个大型国际比赛前后，都要对运动员进行药物检查，检查他们是否服用了比赛禁用的药品。如果被检测出服用了违禁药品，不管你是哪个国家的运动员，一律驱逐出赛场。这里所说的违禁药品就是

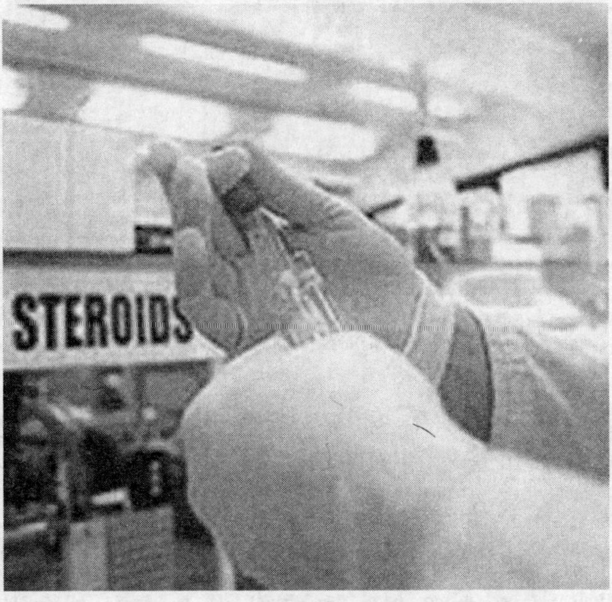

兴奋剂检测

中国反兴奋剂宣传画

通常所说的兴奋剂。尽管这样，兴奋剂问题仍然层出不穷，屡禁不止，几乎每次大型比赛，都会传出所谓的兴奋剂丑闻。讲到这里，大家肯定会问，到底什么是兴奋剂呀？运动员为什么要服用？它有什么危害？如何检测呢？

兴奋剂一词来源于英文的“dope”，意为使用毒品、兴奋剂。兴奋剂包括两大类型：心理兴奋剂和“增强剂”兴奋剂。

心理兴奋剂包括可卡因、安非他明及其衍生物和其他合成天然混合物，它们当中有咖啡因或阿拉伯茶碱；另外还有其他一些缓

小知识

1988年韩国汉城（现首尔）奥运会兴奋剂丑闻

在那届奥运会上，除加拿大的本·约翰逊外，服用兴奋剂的还有：保加利亚获56公斤级举重冠军的格拉勃列夫、保加利亚的孔切夫，为此，保加利亚举重队全部退出比赛；匈牙利的100公斤级举重银牌获得者安多尔·斯托尼，匈牙利举重队也全部退出举重比赛；澳大利亚的亚历山大、瓦特森和西班牙的豪尔赫·格萨达也因服药而被取消现代五项的比赛资格。国际奥委会主席萨马兰奇发表讲话，称这一事件是对奥运会和奥林匹克运动的打击，对服用兴奋剂运动员的惩罚证明国际奥委会坚持体育比赛公正而廉洁的立场是坚定不移的。

性刺激物，如茶、咖啡；可在一定剂量下使用的非抑制性麻醉品，如酒精和大麻素。这些药物可刺激大脑，使大脑的活动过程加快并产生良好的效果，可以减轻疲劳、饥饿、干渴和困倦的感觉。

“增强剂”兴奋剂包括蛋白合成类固醇、生长激素、促红细胞生长素以及其他药物。

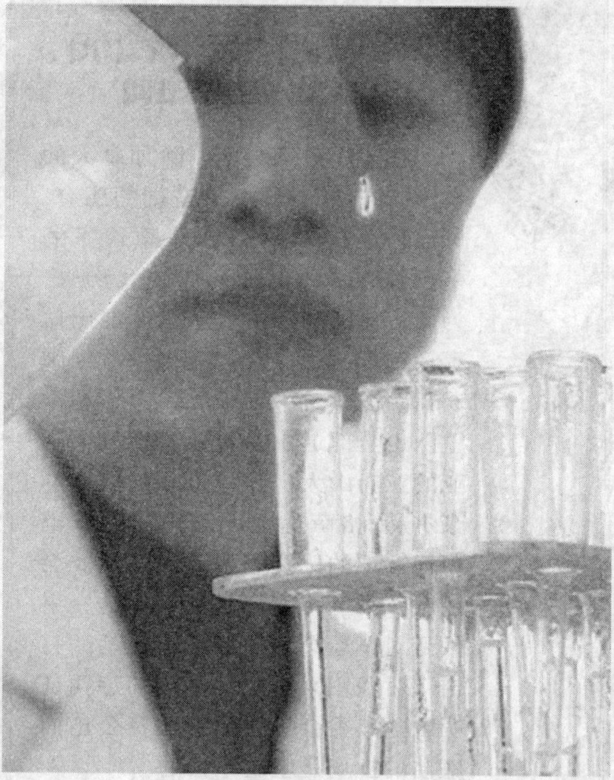

兴奋剂检查

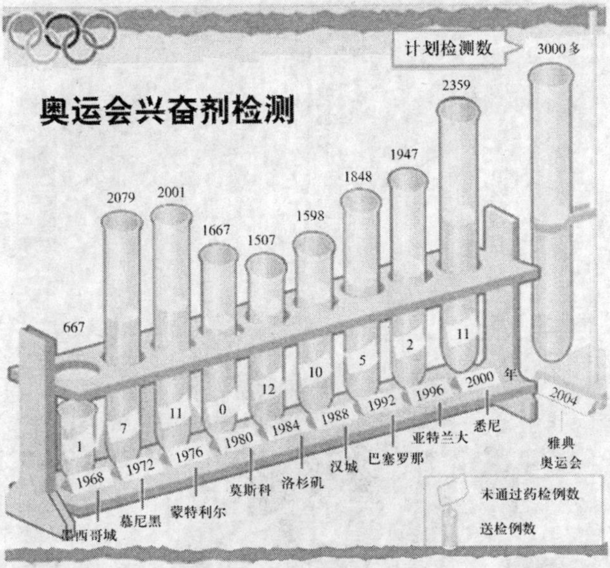

历届奥运会兴奋剂检测结果

这类药物有两方面的作用。一方面，它们能起到雄性激素作用，使身体的第一性征和第二性征出现，这一作用是运动员想尽量避免的；另一方面，这类药物能够改善体能，增强肌肉，活跃中枢神经。它们的作用主要是促进循环和利用人体组织所需要的物质，以供其发育和再生，这是运动员需要的。但是，上述药物的作用是在非自然的情况下进行的，运动员如果长期服用这类兴奋剂，就会逐渐对其产生依赖性，使得人体组织自身不能再制造某些有用物质。换句话说，运动

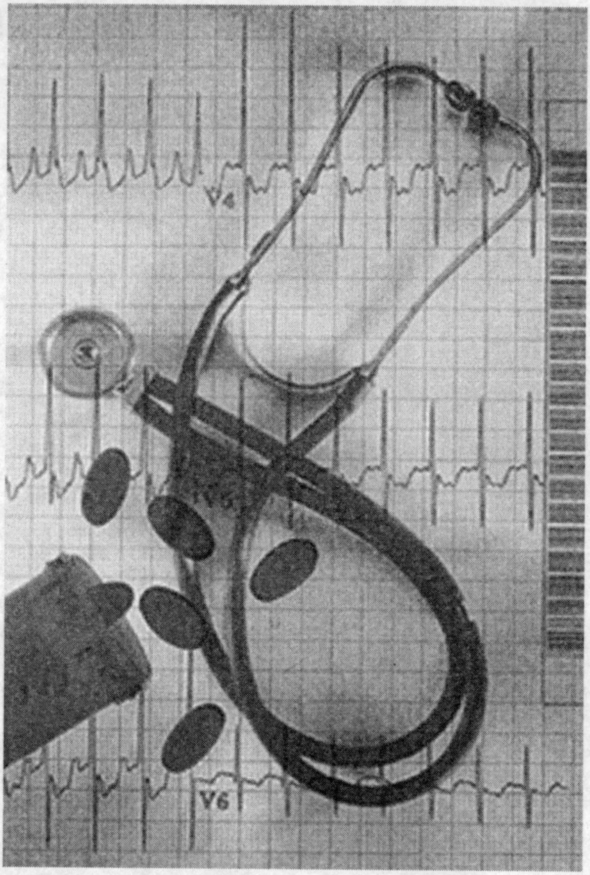

兴奋剂的使用为人类敲响了警钟

员的身体就成了兴奋剂的奴隶。

滥用药物的历史可上溯到公元前，古罗马斗士就使用过兴奋剂。自从产生赛马和赛狗运动以来，给动物服用兴奋剂的问题就出现了。

现在，兴奋剂已经泛滥到职业和非职业的竞技体育中，又进入了为身体健康和改变体形而进行的强化体育活动之中。在20世纪60年代，曾发生过两起自行车运动员因服用苯丙胺类药物而丧生的严重事件，震惊体坛，并迫使国际奥委会作出决定：自1968年第19届冬季奥运会起，对运动员一律进行药物检查。

那么，某些运动员服用兴奋剂的动机是什么呢？因为兴奋剂是一种刺激类药物，它使运动员在受到药物刺激的情况下，达到强烈的兴奋状态，从而在比赛中超水平发挥。并且，服用兴奋剂实际上是一种逃避现实的做法，希望不花大力气就取得很好的成绩，应该为人们所唾弃。

而且，服用兴奋剂对运动员的身体非常有害，因而有人认为兴奋剂的正确叫法是“滥用药物”。这些能使运动员超常加力的物质并非一般人所想象的可以改善运动员的体能，而是消除他们机体内所发出的报警信号，如疲劳、疼痛等感觉，这些信号告诉运动员是该停止运动的时候了。长期服用这类药物，其结果是悲剧性的。无论是运动员的突然崩溃或死亡，还是大脑和心血管系统及其他器官的慢性损伤，都与服用心理兴奋剂有关。

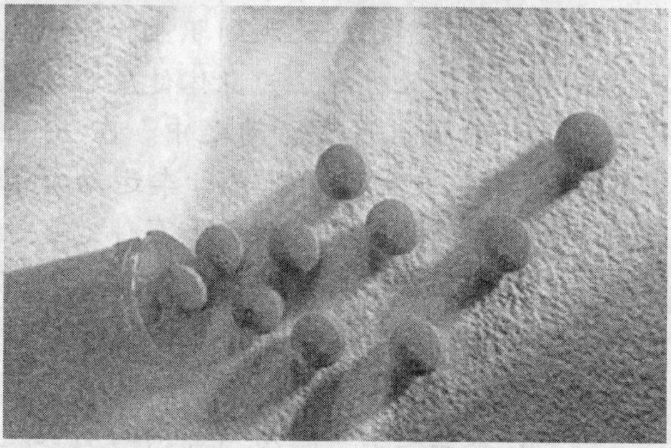

兴奋剂危害人的身体健康

小问题

兴奋剂包括哪些类型？为什么说运动员服用兴奋剂是有害的？

第三篇
体育锻炼与健身

体育锻炼与健身有何好处？

大家肯定经常听到家长和老师强调，体育锻炼是有好处的，要我们坚持体育锻炼。但究竟体育锻炼有什么具体的好处，它对我们身体各个系统的发展到底有什么样的影响呢？实际上，体育锻炼对我们的运动系统、心血管系统、呼吸系统和神经系统都有重要的影响。

运动系统是由骨、骨关节和骨骼肌组成。首先，在体育锻炼中，全身肌肉都不同程度地参与活动，肌肉中的毛细血管几乎全部开放，血流量增大，使肌肉内的血液供应良好，久而久之，肌肉对蛋白质等营养物质的吸收与储存能力不断增强，肌纤维逐渐增粗，肌肉体积逐渐增大，肌肉自然变得更加粗壮、结实、发达而有力；其次，经常进行体育锻炼，新陈代谢得到改善，从而使骨骼的结构和性能发生变化，如骨密质增厚使骨变粗，骨小梁的排列根据拉力和压力的不同而更加整齐而有规律，骨表面肌肉附着的突起增大，使骨骼变得更加粗壮、坚固，并使

体育锻炼

骨的抗断、抗弯和耐压的性能得到提高，更重要的是，对于正在长身体阶段的青少年来说，经常锻炼能促进骨骼的生长，使身体增高；最后，经常进行体育锻炼，可以增强关节周围肌肉和韧带的力量，使关节变得更加牢固；同时，关节的柔韧性和关节周围肌肉、韧带的伸展性也得到提高和改善，从而扩大了关节活动的幅度，这样可以减少各种外伤和关节方面的疾病。

心血管系统由心脏和血管组成，经常进行体育锻炼，使得心脏血液供应良好，组织代谢加强，可以使心壁增厚，心肌收缩力增强，心脏的重量、体积增加，心脏的容量逐渐加大，这样就提高了心脏的机能，也就是说心脏变得更加好用了，供血能力加强了；血管是血液流通的渠道，经常进行体育锻炼，可以使血管壁的弹性增加，血液流动的外周阻力减少，这样血液循环的质量得到了提高，

小知识

健康心脏

成年人的心脏重量为 300 克左右，心脏容量为 760 ~ 780 毫升，心脏每搏动一次射出的血液量为 60 ~ 70 毫升。而经常锻炼的人，心脏重量可达到 400 ~ 500 克，心脏容量可超过 1000 毫升，每搏输出量可达到 100 毫升。安静时的心跳频率，一般人每分钟为 70 ~ 80 次，而经常进行体育锻炼的人可减少为 50 ~ 60 次，优秀的运动员还要低些。这种心搏徐缓现象，是通过体育锻炼心脏机能得到提高的表现。

户外健身

把人体所需要的氧气和各种营养物质源源不断地输送给各组织、细胞，同时把各组织、细胞在新陈代谢过程中产生的二氧化碳和废物运送到肺、肾、皮肤等处，排出体外。

呼吸系统是由呼吸道（鼻、喉、气管、支气管）和肺组成的，经常进行体育锻炼，能使呼吸机能增强，呼吸肌的力量增强，胸廓运动的幅度也随之增大，尽量吸气和尽量呼气的胸围差增大，胸围也增大；经常锻炼身体，呼吸系统结构的变化，也会带来呼吸机能的改善，比如说，肺的弹性好，呼吸肌的力量强，使得呼吸深度加大，从而保证了肺有足够的通气量，这样可以轻轻松松满足气体交换的需要，使得我们工作学习更加持久，不容易出现疲劳现象。

神经系统由中枢神经（脑、脊髓）和周围神经两部分组成，经常进行体育锻炼的人，大脑皮质神经细胞的兴奋性、灵活性和耐久力都会得到提高。灵活性提高了，反应也就更快了。运动员或经常锻炼的人，在运动过程中之所以比一般人表现得机灵、敏捷和动作协调、准确，原因就在这里。另外，经常进行体育锻炼的人，由于在自然环境中经常接受寒冷和炎热的刺激，因而对各种环境变化的适应能力和对疾病的抵抗能力也比一般人要强。体育锻炼不仅可以改善神经系统的

体育锻炼

体育锻炼好处多

调节机能，而且对提高人们的工作效率和学生的学习能力也起着积极作用。

好了，说了这么多体育锻炼的好处，大家应该更加懂得它的作用，应该更加积极地锻炼身体了吧？

小问题

自己总结一下，经常锻炼身体是如何使身体各个系统得到改善的？

怎样科学地锻炼身体？

体育锻炼对促进生长发育和增强体质具有重要的作用。但是，体育锻炼必须懂得科学的方法。只有全面锻炼，持之以恒，遵循锻炼规律，加强卫生保健，用科学的方法锻炼，才能获得好的锻炼效果。下面就简单给大家介绍一下科学锻炼身体的要点。

首先就是要全面锻炼，注重实效。由于青少年正处在长身体的阶段，身体形态和生理机能都在不断发生变化。所以，锻炼身体

踢 足 球

做　操

不能过于偏重某一方面，而应该采取多种形式、多种方法进行全面的锻炼，使身体机能均衡、协调、全面地发展。

再者，就是不能单凭个人的兴趣和爱好，锻炼身体的出发点是使自己的身体得到全面的发展，所以要把体育课中的跑、跳、投掷、攀登、爬越等基本活动技能和其他实用性运动好好掌握了。锻炼的时候，要注重锻炼内容的搭配和锻炼部位的变换，也就是不但锻炼上肢，还要锻炼下肢，更要活动身体的躯干。除此之外，在体育锻炼过程中，还要注意对意志品质的锻炼和培养，使身心两个方面同时得到发展。

另外就是要坚持经常锻炼，持之以恒。大家肯定听说过中国的一句成语，“流水不腐，户枢不蠹”，讲的是经常运动的物体不容易毁坏。其实，我们人也是这样的，人体的各个器官都是因为经常用才能保持好的状态，不经常锻炼就会出毛病。所以那些经常锻炼身体的人就会体质强壮、精力充沛。体质的

小知识

锻炼身体的方法

可选择一些增强心肺功能的锻炼内容，如跑步、球类、游泳等，对一般市民来说，只要自己处于不停地跑动跳跃的运动状态，持续30分钟左右就可以起到增强心肺功能的良好作用。每周要坚持2~3次。也可以选择那些增强肌肉力量的锻炼内容，如举重、引体向上、俯卧撑、收腹举腿、双臂屈伸等极简易的动作，只要合理安排运动量，就会有明显效果。还可选择一些娱乐游戏性的锻炼内容，如各种活动性游戏，散步，周末、节假日的远足郊游等，对于松弛工作学习后的紧张神经、消除疲劳、获得轻松愉快的情绪，有重要作用。总之，每个锻炼者只要从实际出发，选择一项或几项简便易行的健身活动，坚持锻炼，就能得到强身健体的目的。

群众长跑运动

增强和意志品质的形成，也不是一天两天就可以完成的，“冰冻三尺非一日之寒”，必须经常不断地锻炼，持之以恒，万万不可“三天打鱼，两天晒网”，这样是没有什么效果的。所以，有的人单纯从兴趣出发，高兴了就积极参加体育活动，不高兴就不参加；或者，天气好的时候就跟着活动一下，遇上寒冷、炎热天气就不活动，这是非常不可取的。

健康首先掌握在你自己手中，行动起来吧，让我们每个人都积极参加科学健身活动，提高机体的免疫力，把自己的身体锻炼得棒棒的。

锻炼身体

器械锻炼日益成为时尚

小问题

你知道如何科学地锻炼身体吗？

长时间进行锻炼应注意什么？

除了以上的要求外，大家如果想长时间进行体育锻炼的话，还要注意以下要点。

首先是要循序渐进，逐步提高。体育锻炼对人的好处不是立刻就出现的，而是一个循序渐进、逐步提高的过程。正如俗话说的“一口吃不成大胖子”，就是这个道理。所以

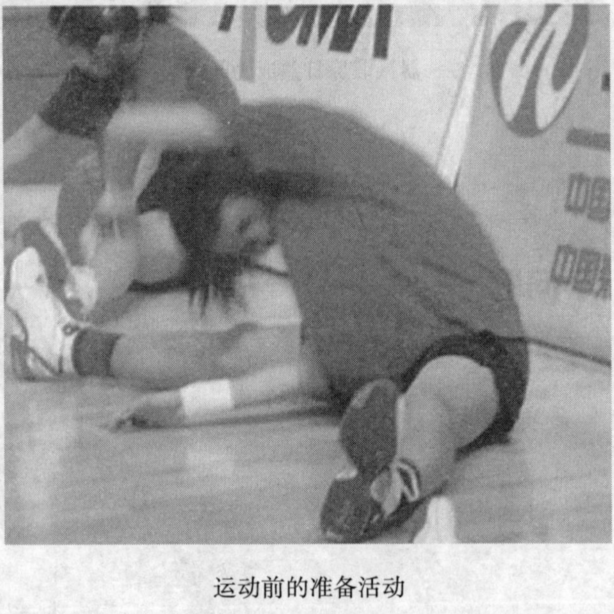

运动前的准备活动

要注意以下几个方面。一是不要蛮干，不能有急躁情绪，得到一次锻炼机会，不顾身体受得了受不了，搞得自己筋疲力尽，从而失去了兴趣；二是要从自己的实际出发，学习技能时要由简单到复杂，由易到难，慢慢提高，不能盲目跟别人比，学一些自己掌握不了的技术，使自己失去信心；三是要由小到大，逐渐增加运动量，安排和调节好运动负荷，使自己的身体能够承受，稳步提高自己

运动负荷

它是指体育锻炼时身体的生理负荷量，正是运动负荷刺激身体相应部位起了变化，才使身体锻炼具有增强体质的作用。我们进行体育锻炼，必须有正常的运动负荷。太小了，就不能使机体产生相应变化，达不到锻炼的目的；过大，超过我们身体的承受范围，就会引起不良的反应，对身体健康不利。一般说来，锻炼后身体有轻度疲劳，但没有不良的生理反应，如呕吐、吃不下饭等，通过休息这种疲劳能很快消失，体能得到恢复的运动负荷才是比较合适的。

运动前的准备活动

的身体素质。

其次，还要做好准备活动和整理活动。进行体育活动之前，一般都要根据运动的目的、锻炼的内容特点和季节、气候的变化等情况，相应地活动一下身体的各个部位，这种适应的活动就是“准备活动”。

再有就是自我身体检查。一般正常情况，每次锻炼前自己应该是精神饱满，体力充沛，有锻炼兴趣，锻炼后很快能够消除疲

太极拳是一种有益身心的舒缓运动

劳，这是正常的。但是如果锻炼前感觉体力不佳，精神不振，缺乏锻炼欲望，锻炼时容易出汗、头晕。或者锻炼后身体长时间不能恢复，就要找原因对自己进行调整了。还有，经常锻炼的人睡眠应该是良好的，食欲也很好，吃饭香甜，体重稳定，脉搏跳动正常。如果出现异常，就应该及时找医生解决，然后再调整自己的锻炼计划。

所以，大家锻炼身体是必要的，但要想使锻炼身体对自己有好处，必须按照科学的方法进行。

小问题

体育锻炼前后都需要做哪些活动，它们的作用分别是什么？

健美运动有什么利与弊？

爱美是人的天性，追求健美是人们爱美的一种具体表现。人体美应该包括健康美、形体美、姿态美、仪表美等几个方面，健康的身体是形成矫健体格和优美身姿的基础。要想使人健美，必须加强身体锻炼，但是必

健美运动

大家可以共同参与的健美操运动

须采取科学的健美方法，不能盲目锻炼，只有这样才能使身体更加健康、美丽。

什么是健美呢？它一般指人体矫健之美或外在之美。通常包括以下四个方面。

健康美。健康除了没有疾病之外，还要包括体格健壮、心理正常而稳定、对疾病有抵抗能力、能够较快适应周围环境。健康美就是指人在具有健康身体基础上所表现的使人产生美感的活力，如精神振奋、精力充沛、气质高雅、肌肤健康等。

形体美。主要指骨骼发育正常，身体各部分比例适度、匀称；肌肉均匀发达，皮下脂肪适度；五官端正，双肩对称，腰细结实，微呈圆柱形，腹部扁平，臀部圆满适度，腿修长，足弓高等。

姿态美。主要体现在站、坐、走、卧的姿势和动作的变化上，站就应该头、颈、躯干和脚在一条直线上，挺胸收腹、两臂自然下垂，给人一种挺、直、高的美感；行走时身体重心稍稍前倾，步伐稳健，和谐一致，平衡对称；坐就要上身自然挺直，双手放在腿上，两腿自然弯曲，两脚平行踏地；睡觉时要注意不要压迫心脏，全身肌肉放松，右侧卧比较好。

健美运动锻炼

小知识

女性健美需特别注意安全

现在，健美运动的女性越来越多，却常常忽视一些不安全因素。例如，长时间听大音量的音乐会损伤听力，造成眩晕、耳鸣。大剂量的力量训练则易导致雌性激素大量丧失，从而出现男性化外表。女性朋友健身，需注意科学安排，适可而止。

仪表美。指人的穿着打扮和风度。在穿着打扮上，一般要整洁、端庄、典雅、大方；而言谈举止方面要加强自身修养，有很好的风度，给人一种舒服的感觉。

事物总有两个方面，比如说健美，不同的人的审美观也不同，对美的看法和对美的衡量标准也不同，有的人把人的正常发育看成不正常，把不正常的却看成“美”，甚至采取不科学的方法，使身体受到损害。例如，有的女生片面追求苗条，盲目节食，不吃不喝，束胸，紧腰；有的男生认为只有“半隆式”的肌肉块才是男子汉，专门选择发达肌肉的项目进行练习。这些不正确的观点和做法，不仅会影响身体的正常发育，而且会损害身体健康，是很不可取的。因此大家千万不要有上述的想法和做法。健美应该是建立在健康身体的基础上的，拥有健康的身体才是最重要的。

小问题

关于健美的错误认识和做法有哪些？如何才能达到真正的健美？

长距离运动中易出现哪些问题？

长距离运动，比如长跑，是很重要的一种体育锻炼，为了健身，大家肯定应该坚持进行。其实，在体育课或者运动会上，长跑也是必不可少的项目。在这些运动中，也应该坚持科学的方法，例如为什么有时候会出现腹部疼痛的现象？如何避免腹痛？什么是极点？它是不是正常的现象？长距离运动时

长跑比赛

长　跑

如何呼吸？这些问题将会从下文中找到答案。

在进行剧烈的体育活动之前，不能吃得太饱，也不能喝太多的水，并且，一定要记着根据所做的运动进行相应的准备活动。如果这些方面没有注意，那么出现腹部疼痛是不可避免的。为什么呢？

如果准备运动不充分，也就是说没有很好地“预热”，人的各部分器官就不能及时从相对静止状态转向剧烈运动状态，不能为身体的运动系统输送必要的氧气和营养物质，大脑皮层的功能会暂时失调。这样，人的腹部就可能感到一些不适，或出现痉挛，从而出现腹部疼痛现象。

假如根本不做准备活动就进行剧烈运动，问题将更加严重。内脏器官无法适应剧烈运动，比如心脏的搏动水平还停留在平常的状态，不能顺利回流，这样人的肝脾短时间内会产生淤血，这也会导致疼痛。

夏季进行剧烈运动，由于大量排汗，身体内水和盐都随着汗水排出来，造成新陈代谢紊乱。炎热使人容易疲劳，会引起腹直肌痉挛，导致疼痛。

小知识

“八字脚”能跑得快吗?

跑是靠腿后蹬时地面产生的反作用力推动人体前进的。正常人跑步时，脚向后下方蹬地，反作用力是向前上方。“八字脚”，无论是内八字还是外八字，后蹬的方向是斜下方，从而产生了较大的横向分力，降低了向前上方的反作用力，也就降低了跑的速度。看来，要想跑得快，跑得轻松，最好从小就纠正“八字脚”。

进行体育锻炼之前进行准备运动很重要

还有一个比较次要的导致运动时腹痛的原因，那就是一些慢性病患者在参加运动时，由于病变部位受牵扯、震动等刺激，也可产生疼痛。所以，运动前要进行准备活动，夏季运动要适量补充水分和盐分。

长跑的时候，由于内脏器官的惰性，使氧气的供应暂时落后于肌肉活动的需要，肌肉活动产生的大量代谢物得不到及时排出，因此跑一段时间后，就会不同程度地出现胸部发闷、呼吸困难、脸色苍白、四肢无力、跑速下降，身体特别难受，甚至产生难以继续跑下去的感觉。对这种现象不要感到紧张。其实，这是一种完全正常的生理现象，叫“极点”现象。

这时候，大家一定在想，既然“极点”现象让人这么难受，是不是出现“极点”现象以后就必须停下来，不能再跑了呢？这种想法是不对的。当极点出现后，一定要以顽强的毅力坚持跑下去，这时候可以加大呼吸的深度，适当调整跑速，“极点”现象就会得到缓解，身体机能也会明显好转，人们把这

铁人三项运动员必须科学地克服“极点”

长跑时注意自我调节呼吸

种现象叫作“第二次呼吸”。极点的克服，不仅是提高训练水平和锻炼效果的过程，而且是培养意志品质和克服困难的精神过程。

在长跑比赛中，有人紧闭嘴巴用鼻子呼吸，有人嘴巴微张，还有人张大嘴巴呼吸。但也有人呼吸舒畅自如，跑得非常轻松；而有的人却上气不接下气，跑得非常吃力。所以在长跑时掌握正确的呼吸方法是非常必要的。

有一点生理卫生常识的人都知道，我们的鼻子是呼吸的门户，它有一套净化、调节空气温度的“设备”，鼻腔中的鼻黏膜分泌的黏液，能阻挡和吸附灰尘以及某些有害物质，对空气有过滤、净化作用。所以，在一般速度较慢、持续时间也不太长的长跑中最好只用鼻子呼吸。

但是，如果跑的时间和距离较长或速度较快，由于体内对氧气的需要量不断增大，小小鼻孔吸入的空气已经不能满足身体的需要。这时候，就需要动用我们的嘴巴来协助鼻子进行工作。也就是说，需要口鼻并用进行呼吸。口鼻并用的方法可使吸入空气成倍

长跑运动

长跑运动注意呼吸节奏

增加，从而可缓解体内对气体需要量的矛盾。在进行口鼻并用呼吸时，应当注意呼吸的节奏，可两步一呼，两步一吸，或者三步一呼，三步一吸。同时，跑步时嘴巴要微微张开，不能大张，以便于吸入的冷空气在口腔中略微变暖后再进入肺部。

小问题

“极点”现象和腹部疼痛现象是一回事吗？哪个是长跑运动中不可避免的？

为什么说武术是中国特色的健身运动？

许多人最爱看的就是武术片了。看着霍元甲战胜东洋武士，看着李小龙的精湛武功，肯定充满了向往。实际上，武术并不是单纯为了格斗，更重要的是它是一项健身运动，就像那些练武的人所说的，练武的目的是为了强身健体。下面就介绍一下这项具有我们中华民族特色的健身运动。

武术运动起源于原始社会，人们为了生

武术表演

武术运动

存和发展已经开始用棍棒等原始工具做武器同野兽进行斗争，从而创造了各种徒手和持器械的技能。后来人们为了互相争夺财富，便把这些狩猎技能演变成为各种徒手或持器械的武打、争斗技术。由于武术技能在过去的军事战争中用得上，普通人强身健体用得上，使一个国家强盛也用得上，所以被各朝各代继承发展下来。特别是武术技能在民间的广为流传和发展，使得武术内容更加丰富多彩，形成各种不同特点、不同流派的武术

集体武术表演

套路，这就是武术片里面所说的各个门派。发展到今天，武术运动已经成为世界性体育活动，而且还是一项国际性体育比赛项目呢。

武术是中华民族的宝贵文化遗产、中国之“国技”，是东方文化的一颗“明珠”。它年深日久，源远流长，扎根于祖国大地。作为一种民族文化和强身的独特运动，早已享誉世界。

在长期的发展过程中，中国武术的发展

经过了由简单到复杂，由低级到高级，以及“百花齐放、百家争鸣”，去糟粕存精华的历史演变过程。在历史浩瀚的长河中，武术也自然浸透了中华民族的自豪感、民族的心理气质等诸多因素，深受中国传统哲学、美学、中医学、军事学、伦理学、宗教学、文艺学、社会学、经济学等深刻的影响。千百年来，经过道家、僧人、各种儒侠和民间武林高手的增删，中国武术中招法更加丰富实

小知识

武术派别简介

中国武术运动内容丰富，流派众多，被公认的，即源流有序、拳理分明、风格独特自成体系的拳种多达129个。武术的基本内容可分为拳术、器械、对练、集体演练和攻防技术五种主要类型。在基本练功形式中，拳术的种类最多，包括长拳、太极拳、南拳、形意拳、八卦拳、通臂拳等几十种不同风格的拳种，每个拳种有若干拳系和套路。

武　术

用，使世界上任何搏击术相形见绌。而其中神奇的功夫和种种特殊的功法，更是在世界搏击界独树一帜。可以说，中国武术是中华民族的智慧结晶。

武术有个重要的功能就是强身健体，经常坚持武术锻炼能够有效地增强体质，这也是为什么越来越多的人选择武术作为健身的手段。大家早起去公园锻炼，看到白发老翁缓慢地打太极拳，还有练习长拳的、舞剑的等等都是武术运动。更有许多人报名参加各种武术培训班，充满了对武术的热爱。

武术为什么能够强身健体呢？这是因为，武术中的各种拳法、腿法对爆发力及柔韧性要求较高，特别是各个关节活动范围较大，对肌肉韧带都有很好的锻炼作用。武术包含多种拧转、俯仰、收放、折叠等身法动作，要求“手到眼到”，“手眼相随”，“步随身行、身到步到”，对协调性有较高的要求，整套动作往往由几十个动作组成，并在一定时间内完成，所以能使身体各个器官系统得

武术运动强身健体

武术表演

到全面发展。练习柔和、缓慢、轻灵的拳术，如太极拳，强调以意引导动作，配合均匀深沉的呼吸，可以使浑身血脉流通，慢性病患者将太极拳作为医疗手段的效果很好，平常人也可以每天坚持锻炼，对身体也大有好处呢。而对抗性的散手、推手、武术短兵、武术长兵等竞技项目，运动激烈，除了能增强体质外，还能培养勇敢、机智、敏捷等优良性格。

武术作为东方特有的传统文化，把养生健体，修身养性与技击融为一体，成为一大特色。中国武术的一招一式，都要求势正神圆，既给人以一种美的感受，又具有很高的实战价值。所以说，中国武术不仅仅是防攻格斗的技能，还包含着东方哲理的神奇奥秘，可谓博大精深，成为举世无双的人类瑰宝。

小问题

中国武术运动是如何起源的？

图书在版编目（CIP）数据

体育纵横/中国科学技术协会青少年科技中心组织编写.
—北京：科学普及出版社，2013
（少年科普热点）
ISBN 978-7-110-07918-8

Ⅰ.①体…　Ⅱ.①中…　Ⅲ.①体育-少年读物　Ⅳ.①G8-49

中国版本图书馆 CIP 数据核字(2012)第 268441 号

科学普及出版社出版
北京市海淀区中关村南大街 16 号　邮编:100081
电话:010-62173865　传真:010-62179148
http://www.cspbooks.com.cn
科学普及出版社发行部发行
鸿博昊天科技有限公司印刷
*
开本：630 毫米×870 毫米　1/16　印张：14　字数：220 千字
2013 年 6 月第 1 版　2013 年 6 月第 1 次印刷
ISBN 978-7-110-07918-8/G·3338
印数：1—10000 册　定价：15.00 元